V chuti Talianska 2023

Jednoduché recepty na slávne talianske jedlá, ktoré vám prinášajú pravú chuť Talianska

Lucia Rossi

OBSAH

Linguine so smotanovou orechovou omáčkou 8

luk s amaretkami 10

Špagety s vyprážanými vajíčkami na spôsob Salerno 12

Zemiakové a špenátové halušky 14

Gnocchi z morských plodov s paradajkovou omáčkou a olivami 18

Zelené halušky v ružovej omáčke 22

Krupicové halušky 25

Abruzzské chlebové gule 27

Palacinky plnené ricottou 31

Abruzzese Crepe and Mushroom Timbale 34

Toskánske ručne robené špagety s mäsovou omáčkou 38

Pici s cesnakom a strúhankou 41

semolinové cestoviny 43

Cavatelli s ragú 45

Cavatelli s kalamármi a šafranom 47

Cavatelli s rukolou a paradajkou 51

Orecchiette s bravčovým ragú 53

Orecchiette s brokolicou Rabe 55

Orecchiette s karfiolom a paradajkami 58

Orecchiette s klobásou a kapustou 60

Orecchiette s mečiarom ... 62

biele rizoto ... 72

Šafranové rizoto na milánsky spôsob ... 75

špargľové rizoto ... 78

Rizoto s červenou paprikou ... 81

Rizoto s paradajkami a rukolou ... 84

Rizoto s červeným vínom a čakankou ... 87

Rizoto s karfiolovým krémom ... 90

citrónové rizoto ... 93

špenátové rizoto ... 96

Zlaté tekvicové rizoto ... 99

Benátske rizoto s hráškom ... 102

jarné rizoto ... 105

Rizoto s paradajkami a fontinou ... 109

Krevetové a zelerové rizoto ... 112

Rizoto s "Ovocie mora" ... 116

Rizoto "More a hory" ... 119

čierne rizoto ... 122

Chrumkavé rizoto palacinky ... 126

Plnený ryžový tymbal ... 128

Ryža a fazuľa, benátsky štýl ... 135

Sardínska klobása s ryžou ... 138

Polenta 140

polenta so smotanou 142

polenta s ragú 144

Polenta Crostini, Tri spôsoby 145

polentové sendviče 148

polenta s tromi syrmi 150

Polenta s gorgonzolou a mascarpone 152

Hubová polenta 154

Polenta z pohánky a kukuričnej múky 156

Zapečená polenta so syrom 158

Zapečená polenta s ragú klobásou 161

Polenta "v reťaziach" 164

farro šalát 166

Farro, štýl Amatrice 169

Farro, paradajky a syr 171

Krevetové a jačmenné orzotto 173

Jačmeň a zeleninové orzotto 175

šunka a vajcia 177

Pečená špargľa s vajíčkami 180

Vajcia v očistci 182

Vajcia v paradajkovej omáčke, na spôsob Marches 184

Vajcia na piemontský spôsob 186

Florentské vajcia 188

Pečené vajcia so zemiakmi a syrom 190

papriky a vajcia 192

zemiaky a vajcia 194

Huby a miešané vajcia 197

Frittata z cibule a rukoly 199

Cuketa a bazalka Frittata 202

Sto Herb Frittata 204

špenátová frittata 206

Huba a Fontina Frittata 209

Neapolské špagety Frittata 211

Cestoviny Frittata 213

malé tortilly 215

Frittata z kvetov ricotty a cukety 217

Linguine so smotanovou orechovou omáčkou

Linguine so salsou di Noci

Pripraví 4 až 6 porcií

Moja kamarátka Pauline Wassermanová našla tento recept počas cestovania po Piemonte a dala mi ho pred niekoľkými rokmi. Vlašské orechy dodávajú cestovinám bohatú chuť, zatiaľ čo ricotta ich udržuje krémové a vlhké. Podávam s dolcettom, mierne suchým červeným vínom z Piemontu.

1/2 šálky vlašských orechov

2 polievkové lyžice píniových oriešok

4 lyžice nesoleného masla

1 malý strúčik cesnaku, veľmi jemne nasekaný

1 lyžica nasekanej čerstvej plochej petržlenovej vňate

1/4 šálky celej alebo čiastočne odstredenej ricotty, mascarpone alebo hustej smotany

Soľ

1 libra linguine

1/2 šálky čerstvo nastrúhaného Parmigiano-Reggiano

1. Vložte vlašské orechy a píniové oriešky do kuchynského robota alebo mixéra. Orechy pomelieme len najemno. (Nespracúvajte nadmerne na pastu.)

2. Na strednej panvici roztopte maslo na strednom ohni. Pridajte cesnak a petržlenovú vňať a varte 1 minútu. Pridáme mleté vlašské orechy a ricottu. Miešajte do miešania a zahrievajte.

3. Vo veľkom hrnci medzitým priveďte do varu asi 4 litre vody. Pridajte 2 polievkové lyžice soli, potom cestoviny a jemne ich zatlačte nadol, kým sa cestoviny úplne nepokryjú vodou. Dobre premiešajte. Varte za častého miešania, kým nie sú cestoviny al dente, jemné, ale stále pevné pri zahryznutí. Nechajte si časť vody na varenie. Cestoviny sceďte.

4. Vo veľkej horúcej servírovacej mise zmiešame cestoviny s omáčkou a strúhaným syrom. Ak sa vám cestoviny zdajú suché, pridajte trochu vody z varenia. Ihneď podávajte.

luk s amaretkami

Farfalle s gli Amaretti

Pripraví 4 až 6 porcií

Jednou z lombardských špecialít sú čerstvé vaječné cestoviny plnené zimnou tekvicou a drveným amarettom, chrumkavé mandľové koláčiky (<u>Zimné tekvicové ravioli s mandľovým maslom</u>). Vykúpaný v rozpustenom masle a posypaný slaným a orieškovým Parmigianom, kombinácia chutí je veľmi nezvyčajná a nezabudnuteľná. Čašník v malej trattorii v Cremone mi povedal, že tento jednoduchý recept vyrobený zo sušených cestovín bol inšpirovaný prepracovaným jedlom.

Ak sú vaše hrozienka suché, naplňte ich umiestnením do vriacej vody na cestoviny tesne pred scedením.

Soľ

1 libra farfalle

1 palica nesolené maslo, roztopené

12 až 16 rozdrvených sušienok amaretti (asi 1/2 šálky strúhanky)

1/3 šálky zlatých hrozienok

1 šálka strúhaného Parmigiano-Reggiano

1. Vo veľkom hrnci prevarte aspoň 4 litre vody. Pridajte 2 polievkové lyžice soli a potom cestoviny. Dobre premiešajte. Varte na silnom ohni za častého miešania, kým cestoviny nie sú al dente, jemné, ale stále pevné pri zahryznutí. Nechajte si časť vody na varenie. Cestoviny sceďte.

2. Vložte maslo do veľkej servírovacej misy za horúca. Pridáme cestoviny a zmiešame ich s nastrúhanou piškótou a hrozienkami. Pridajte syr a znova premiešajte. Ak sa vám cestoviny zdajú suché, pridajte trochu vody z varenia. Podávajte teplé.

Špagety s vyprážanými vajíčkami na spôsob Salerno

Špagety s l'Uuovo Fritto alla Salernitana

Pripraví 2 porcie

Hoci som o tomto recepte počula v oblasti Neapola, nikdy som ho neskúšala urobiť, až kým som si jedného dňa nepomyslela, že doma nemám nič, čo by som mohla uvariť pre seba a svojho manžela. Je to jednoduché a upokojujúce a možno ho podávať aj na neskoré raňajky. Vajcia by sa mali variť, kým bielka nestuhnú, ale žĺtky sú stále mäkké. Suroviny na tento recept poslúžia dvom, ale podľa potreby ich môžete zdvojnásobiť alebo ztrojnásobiť.

4 gramy špagiet alebo linguine

Soľ

2 polievkové lyžice olivového oleja

4 vajcia

1/2 šálky čerstvo nastrúhaného Pecorino Romano

čerstvo mleté čierne korenie

1. Vo veľkom hrnci prevarte aspoň 4 litre vody. Pridajte 2 polievkové lyžice soli, potom cestoviny a jemne ich zatlačte nadol, kým sa cestoviny úplne nepokryjú vodou. Dobre premiešajte. Varte na silnom ohni za častého miešania.

2. Vo veľkej panvici zohrejte olej na strednom ohni. Pridajte vajcia, posypte ich soľou a korením. Varíme, kým bielka nestuhnú a žĺtky ešte mäkké.

3. Cestoviny sceďte a nechajte si časť vody na varenie. Cestoviny zmiešame so syrom a 2 až 3 lyžicami vody.

4. Rozdeľte cestoviny medzi 2 servírovacie taniere. Do každého pridajte dve vajcia a ihneď podávajte.

Zemiakové a špenátové halušky

Zemiakové a špenátové gnocchi

Vyrába 6 porcií

Aj keď sa to v Taliansku často nerobí, občas halušky rád podávam k duseniu alebo pečenému mäsu. Dobre nasiaknu omáčkou a sú príjemnou zmenou oproti zemiakovej kaši alebo polente. Vyskúšajte tieto halušky (bez omáčky alebo syra) ako prílohu<u>Guláš z hovädzieho chvosta na rímsky spôsob</u>buď<u>Hovädzí guláš na spôsob Friuli</u>.

1 1/2 libier pečených zemiakov

1 (10 uncí) vrecúško špenátu, nasekané

Soľ

2 šálky univerzálnej múky plus viac na tvarovanie gnocchi

1 veľké vajce, rozšľahané

1/2 šálky**Maslo a šalviová omáčka**

1 šálka čerstvo nastrúhaného Parmigiano-Reggiano

1. Zemiaky vložte do veľkého hrnca so studenou vodou, kým nebudú zakryté. Hrniec prikryjeme a necháme dusiť. Varte, kým zemiaky po prepichnutí nožom nezmäknú, asi 20 minút.

2. Špenát vložte do veľkého hrnca s 1/2 šálky vody a soľou podľa chuti. Prikryte a varte, kým špenát nezmäkne, asi 2 až 3 minúty. Špenát scedíme a necháme vychladnúť. Špenát položte na uterák a vytlačte tekutinu. Špenát nasekáme veľmi nadrobno.

3. Ešte horúce zemiaky ošúpeme a nakrájame na kocky. Zemiaky roztlačíme s najmenšími dierkami v šúchadle alebo mlynčeku na zemiaky, prípadne ručne šúchadlom na zemiaky. Pridajte špenát, vajce a 2 lyžičky soli. Pridajte 1 1/2 šálky múky, kým sa nezmieša. Cesto bude tuhé.

4. Zemiaky naškrabte na pomúčenú dosku. Krátko premiešajte, pridajte toľko zvyšnej múky, koľko je potrebné na hladké cesto, len toľko, aby halušky pri varení držali tvar, ale nie natoľko, aby boli ťažké. Cesto by malo byť mierne lepkavé. Ak máte pochybnosti, priveďte do varu malý hrniec s vodou a na skúšku vhoďte kúsok cesta. Varíme, kým gnocco nevystúpi na povrch. Ak sa cesto začne uvoľňovať, pridajte viac múky. Inak je cesto fajn.

5. Cesto na chvíľu odložte. Oškrabte plech, aby ste odstránili zvyšné cesto. Umyte si a osušte ruky, potom ich popráše múkou. Vyložte jeden alebo dva veľké formy na pečenie a vysypte ich múkou.

6. Cesto nakrájajte na 8 kusov. Zvyšné cesto nechajte zakryté a jeden kus zrolujte do dlhého povrazu s hrúbkou asi 3/4 palca. Nakrájajte šnúrku na 1/2-palcové nugety.

7. Na tvarovanie cesta držte vidličku v jednej ruke s hrotmi smerujúcimi nadol. Palcom druhej ruky prevaľkajte každý kúsok cesta cez chrbtovú časť zubov a jemne zatlačte, aby ste na jednej strane vytvorili drážky a na druhej štrbinu. Gnocchi poukladajte do pripravených ražníc. Kusy sa nesmú navzájom dotýkať. Opakujte so zvyšným cestom.

8. Gnocchi dajte do chladničky, kým nebudú pripravené na varenie. (Gnocchi môžu byť aj zmrazené. Vložte plechy na pečenie do mrazničky na jednu hodinu alebo kým nebudú pevné. Vložte halušky do veľkého odolného plastového vrecka. Zmrazte až na jeden mesiac. Pred varením nerozmrazujte.)

9. Pripravte omáčku. Na varenie gnocchi priveďte do varu veľký hrniec s vodou. Podľa chuti dosolíme. Znížte teplotu, aby voda jemne vrela. Asi polovicu halušiek vhoďte do vody. Smažte asi 30 sekúnd potom, čo halušky vyplávajú na povrch. Gnocchi vyberieme z hrnca dierovanou lyžicou, kúsky dobre scedíme.

10 Pripravte si plytkú vyhrievanú servírovaciu misu. Nalejte tenkú vrstvu horúcej omáčky do misky. Pridajte gnocchi a jemne premiešajte. Rovnakým spôsobom uvarte zvyšné halušky. Nalejte viac omáčky a posypte syrom. Podávajte teplé.

Gnocchi z morských plodov s paradajkovou omáčkou a olivami

Rybie gnocchi s olivovou omáčkou

Vyrába 6 porcií

Na Sicílii sa zemiakové gnocchi niekedy ochutia morským jazykom alebo inou jemnou rybou. Podávam ich s jemne pikantnou paradajkovou omáčkou, ale chutná by aj maslovo-bylinková. V týchto cestovinách nie je potrebný syr.

1 libra pečených zemiakov

1/4 šálky olivového oleja

1 malá cibuľa, nakrájaná nadrobno

1 strúčik cesnaku

12 uncí filé z morského jazyka alebo inej jemnej bielej ryby, nakrájané na 2-palcové kúsky

1/2 šálky suchého bieleho vína

Soľ a čerstvo mleté čierne korenie

1 veľké vajce, rozšľahané

Asi 2 šálky univerzálnej múky

Dip

1/4 šálky olivového oleja

1 pažítka, nasekaná

2 filety sardel

1 lyžica pasty z čiernych olív

2 šálky ošúpaných čerstvých paradajok zbavených semienok a nakrájaných na kocky alebo na kocky nakrájaných konzervovaných talianskych paradajok

2 lyžice nasekanej čerstvej plochej petržlenovej vňate

Soľ a čerstvo mleté čierne korenie

1. Vložte zemiaky do hrnca so studenou vodou, aby boli zakryté. Priveďte do varu a po prepichnutí nožom uvarte do mäkka. Scedíme a necháme vychladnúť.

2. Cibuľu a cesnak opečte na olivovom oleji na strednej panvici 5 minút na strednom ohni, kým cibuľa nezmäkne. Pridajte rybu

a varte 1 minútu. Pridajte víno, soľ a korenie podľa chuti. Varte, kým ryba nie je mäkká a tekutina sa takmer neodparí, asi 5 minút. Nechajte vychladnúť a potom vyškrabte obsah panvice do kuchynského robota alebo mixéra. Pyré do hladka.

3. Veľké podnosy zakryte hliníkovou fóliou alebo plastovým obalom. Zemiaky dajte cez kuchynský robot alebo mlynček do veľkej misy. Pridajte rybie pyré a vajce. Postupne pridávame múku a soľ podľa chuti, aby vzniklo mierne lepivé cesto. Krátko premiešajte, kým nebude hladké a dobre spojené.

4. Cesto rozdeľte na 6 kusov. Zvyšné cesto nechajte zakryté a jeden kus zrolujte do dlhého povrazu s hrúbkou asi 3/4 palca. Nakrájajte šnúrku na 1/2-palcové nugety.

5. Na tvarovanie cesta držte vidličku v jednej ruke s hrotmi smerujúcimi nadol. Palcom druhej ruky prevaľkajte každý kúsok cesta cez chrbtovú časť zubov a jemne zatlačte, aby ste na jednej strane vytvorili drážky a na druhej štrbinu. Gnocchi poukladajte do pripravených ražníc. Kusy sa nesmú navzájom dotýkať. Opakujte so zvyšným cestom.

6. Gnocchi dajte do chladničky, kým nebudú pripravené na varenie. (Gnocchi môžu byť aj zmrazené. Vložte plechy na

pečenie do mrazničky na 1 hodinu alebo kým nebudú pevné. Gnocchi vložte do veľkého odolného plastového vrecka. Zmrazte až na 1 mesiac. Pred varením nerozmrazujte.)

7. Na omáčku zmiešajte olej s cibuľou vo veľkej panvici. Pridajte filety sardel a varte, kým sa sardelky nerozpustia, asi 2 minúty. Pridajte olivovú pastu, paradajky a petržlenovú vňať. Pridajte soľ, korenie a varte, kým paradajková šťava mierne nezhustne, 8 až 10 minút. Nalejte polovicu omáčky do veľkej servírovacej misy, aby ste ju mohli podávať horúce.

8. Pripravte gnocchi: Priveďte do varu veľký hrniec s vodou. Podľa chuti dosolíme. Znížte teplotu, aby voda jemne vrela. Asi polovicu halušiek vhoďte do vody. Smažte asi 30 sekúnd potom, čo halušky vyplávajú na povrch. Gnocchi vyberieme z hrnca dierovanou lyžicou, kúsky dobre scedíme. Vložte gnocchi do servírovacej misy. Rovnakým spôsobom uvarte zvyšné halušky. Pridajte zvyšok omáčky a jemne premiešajte. Ihneď podávajte.

Zelené halušky v ružovej omáčke

Verdi Gnocchi v Salsa Rossa

Vyrába 6 porcií

Tieto mäsové guľky som prvýkrát vyskúšal v Ríme, aj keď sú typické skôr pre Emilia-Romagna a Toskánsko. Sú ľahšie ako zemiakové gnocchi a nakrájaná zelenina im dodáva plytkú štruktúru, takže ich nemusíte tvarovať vidličkou. Skúste ich pre zmenu posypať<u>Maslo a šalviová omáčka</u>.

3 šálky<u>ružová omáčka</u>

1 libra špenátu, stonky odstránené

1 libra švajčiarskeho mangoldu, stopky odstránené

1/4 šálky vody

Soľ

2 lyžice nesoleného masla

1/4 šálky nadrobno nakrájanej cibule

1 libra celej alebo čiastočne odstredenej ricotty

2 veľké vajcia

1 1/2 šálky čerstvo nastrúhaného Parmigiano-Reggiano

1/4 čajovej lyžičky mletého muškátového orieška

čerstvo mleté čierne korenie

1 1/2 šálky viacúčelovej múky

1. Pripravte omáčku. Potom vo veľkom hrnci zmiešajte obe zeleniny, vodu a soľ podľa chuti. Varte 5 minút alebo kým nezmäkne a nezmäkne. Scedíme a necháme vychladnúť. Zeleninu zabaľte do utierky a vyžmýkajte, aby ste vytlačili tekutinu. Dobre nasekajte.

2. Na strednej panvici roztopte maslo na strednom ohni. Pridajte cibuľu a varte za častého miešania do zlatohneda, asi 10 minút.

3. Vo veľkej miske rozšľahajte ricottu, vajce, 1 šálku Parmigiano-Reggiano, muškátový oriešok a soľ a korenie podľa chuti. Pridajte cibuľu a nakrájanú zeleninu a dobre premiešajte. Pridajte múku, kým sa dobre nezmieša. Cesto bude mäkké.

4. Plechy vysteľte papierom na pečenie alebo papierom na pečenie. Navlhčite si ruky studenou vodou. Odoberte lyžicu cesta. Zľahka vytvarujte do 3/4-palcovej gule. Položte guľu na plech na pečenie. Opakujte so zvyšným cestom. Zakryte plastovým obalom a nechajte ho v chladničke, kým nebude pripravený.

5. Prevarte aspoň 4 litre vody. Podľa chuti dosolíme. Trochu znížte teplo. Pridajte polovicu halušiek, niekoľko naraz. Keď vyplávajú na povrch, varte ďalších 30 sekúnd.

6. Nalejte polovicu horúcej omáčky na teplý servírovací tanier. Gnocchi vyberieme dierovanou lyžicou a necháme dobre odkvapkať. Položte ich na tanier. Prikryte a udržiavajte v teple, kým rovnakým spôsobom varíte zvyšné halušky. Nalejte zvyšnú omáčku a syr. Podávajte teplé.

Krupicové halušky

Gnocchi alla Romana

Pripraví 4 až 6 porcií

Uistite sa, že krúpy úplne uvaríte s tekutinou. Ak je nedostatočne uvarené, má tendenciu sa roztopiť na cesto, namiesto toho, aby pri vyprážaní držalo svoj tvar. Ale aj keby sa tak stalo, stále bude chutiť.

2 šálky mlieka

2 šálky vody

1 šálka jemnej krupice

2 lyžičky soli

4 lyžice nesoleného masla

2/3 šálky čerstvo nastrúhaného Parmigiano-Reggiano

2 žĺtky

1. V strednom hrnci zohrejte mlieko a 1 šálku vody na strednom ohni až do varu. Zmiešajte zvyšný 1 dl vody a krupicu. Zmes zoškrabte do tekutiny. Pridajte soľ. Za stáleho miešania varíme, kým zmes nezovrie. Znížte teplotu na minimum a varte za stáleho miešania 20 minút alebo kým zmes nie je veľmi hustá.

2. Odstráňte hrniec z ohňa. Pridajte 2 polievkové lyžice masla a polovicu syra. Metličkou rýchlo vyšľaháme žĺtka.

3. Plech na pečenie zľahka navlhčite. Nasypte krúpy na fóliu a rozotrite kovovou špachtľou na hrúbku 1/2 palca. Nechajte vychladnúť, prikryte a dajte do chladničky na jednu hodinu alebo až na 48 hodín.

4. Umiestnite stojan do stredu rúry. Predhrejte rúru na 400 °F. Vymastíme zapekaciu misu s rozmermi 13 × 9 × 2 palce.

5. Ponorte 1 1/2-palcový sušienky alebo vykrajovačku do studenej vody. Nakrájajte kolieska krúpov a kúsky uložte do pripravenej zapekacej misy, mierne sa prekrývajú.

6. V malom hrnci rozpustite zvyšné 2 lyžice masla a pokvapkajte halušky. Posypeme zvyškom syra. Pečte 20 až 30 minút alebo do zlatista a bublinky. Pred podávaním nechajte 5 minút vychladnúť.

Abruzzské chlebové gule

Polpette di Pane al Sugo

Pripraví 6 až 8 porcií

Keď som navštívil vinárstvo Orlandi Contucci Ponno v Abruzzo, vychutnal som si ochutnávku ich vynikajúcich vín, medzi ktoré patrili biele odrody Trebbiano d'Abruzzo a červené Montepulciano d'Abruzzo, ako aj rôzne zmesi. Také dobré vína si zaslúžia dobré jedlo a náš obed nesklamal, najmä pomaly varené vajce, syr a žemľové knedle v paradajkovej omáčke. Hoci som ich nikdy predtým neskúšal, malý prieskum mi ukázal, že tieto „bezmäsité fašírky" sú obľúbené aj v iných regiónoch Talianska, ako je Kalábria a Basilicata.

Kuchárka vo vinohrade mi povedala, že z chleba robila fašírky s mollikou, vnútro chleba bez kôrky. Robím ich s celozrnným chlebom. Keďže taliansky chlieb, ktorý tu kupujem, nie je taký tuhý ako taliansky chlieb, kôrka dáva fašírkam ďalšiu štruktúru.

Ak ich plánujete pripraviť vopred, nechajte mäsové guľky a omáčku oddelené až tesne pred podávaním, aby fašírky nenasiakli príliš veľa omáčky.

1 12-uncový bochník talianskeho alebo francúzskeho chleba, nakrájaný na 1-palcové kúsky (asi 8 šálok)

2 šálky studenej vody

3 veľké vajcia

1/2 šálky strúhaného Pecorino Romano a viac na servírovanie

1/4 šálky nasekanej čerstvej petržlenovej vňate

1 strúčik cesnaku, jemne nasekaný

Rastlinný olej na vyprážanie

Dip

1 stredná cibuľa, jemne nakrájaná

1/2 šálky olivového oleja

2 (28-uncové) plechovky dovezené talianske lúpané paradajky so šťavou, nasekané

1 malé sušené peperoncino, rozdrobené alebo štipka drvenej červenej papriky

Soľ

6 lístkov čerstvej bazalky

1. Chlieb nakrájajte alebo nalámte na malé kúsky alebo pomeliete chlieb v kuchynskom robote, kým nezískate hrubé omrvinky. Chlieb namočte na 20 minút do vody. Chlieb stlačte, aby ste odstránili prebytočnú vodu.

2. Vo veľkej mise rozšľaháme vajcia, syr, petržlenovú vňať a cesnak so štipkou soli a korenia podľa chuti. Pridajte strúhanku a dobre premiešajte. Ak sa vám zmes zdá suchá, pridajte ďalšie vajce. Dobre premiešajte. Zo zmesi tvarujte loptičky veľkosti golfovej loptičky.

3. Do veľkej a ťažkej panvice nalejte toľko oleja, aby ste dosiahli hĺbku 1/2 palca. Zohrievajte olej na strednom ohni, kým kvapka chlebovej zmesi po vložení do oleja nezasyčí.

4. Guľôčky pridajte na panvicu a za opatrného otáčania opekajte zo všetkých strán dozlatista, cca. 10 minút. Vyprázdnite guľôčky na papierové utierky.

5. Na prípravu omáčky opečte cibuľu na olivovom oleji vo veľkom hrnci na strednom ohni, kým nezmäkne. Pridajte

paradajky, pepperoncino a soľ podľa chuti. Varte na miernom ohni 15 minút alebo do mierneho zhustnutia.

6. Pridajte chlebové guľky a polejte ich omáčkou. Varte na miernom ohni ďalších 15 minút. Posypeme bazalkou. Podávajte s extra syrom.

Palacinky plnené ricottou

manicotti

Pripraví 6 až 8 porcií

Aj keď veľa kuchárov používa cestoviny na výrobu manicotti, toto je neapolský rodinný recept mojej mamy, ktorý sa pripravuje z palaciniek. Hotové manicotti sú oveľa ľahšie, ako by sa robili s cestovinami, a niektorí kuchári považujú manicotti za jednoduchšie na palacinky.

3 šálky <u>neapolské ragu</u>

Palacinky

1 šálka viacúčelovej múky

1 šálka vody

3 vajcia

1/2 lyžičky soli

Zeleninový olej

Plnené

2 libry celej alebo čiastočne odstredenej ricotty

4 gramy čerstvej mozzarelly, nakrájanej alebo nastrúhanej

1/2 šálky čerstvo nastrúhaného Parmigiano-Reggiano

1 veľké vajce

2 lyžice nasekanej čerstvej plochej petržlenovej vňate

Čerstvo mleté čierne korenie podľa chuti

Štipka soli

1/2 šálky čerstvo nastrúhaného Parmigiano-Reggiano

1. Pripravte si ragú. Potom vo veľkej mise zmiešajte krepové ingrediencie do hladka. Prikryte a chladte 30 minút alebo viac.

2. Zahrejte 6-palcovú nepriľnavú panvicu alebo panvicu na omeletu na strednom ohni. Panvicu jemne potrieme olejom. Jednou rukou držte panvicu a nalejte do nej asi 1/3 šálky krepového cesta. Okamžite nadvihnite a otočte panvicu tak, aby úplne pokrývala dno tenkou vrstvou cesta. Odstráňte prebytočné cesto. Varte jednu minútu, alebo kým okraj

palačinky nezhnedne a nezačne stúpať z panvice. Palačinku prevráťte prstami a druhú stranu jemne opečte. Varte ďalších 30 sekúnd alebo do zhnednutia.

3. Uvarenú palacinku posuňte na tanier. Opakujte, zo zvyšku cesta vytvorte palacinky a poukladajte ich na seba.

4. Na prípravu plnky zmiešajte všetky ingrediencie vo veľkej mise, kým sa nespojí.

5. Nalejte tenkú vrstvu omáčky do pekáča s rozmermi 13 × 9 × 2 palce. Na naplnenie palaciniek napichnite asi 1/4 šálky plnky pozdĺž jednej strany palacinky. Krep zvinieme do valca a vložíme do zapekacej misy švom nadol. Pokračujte v plnení a rolovaní zvyšných palaciniek a ukladajte ich k sebe. Nalejte extra omáčku. Posypeme syrom.

6. Umiestnite stojan do stredu rúry. Predhrejte rúru na 350 ° F. Pečte 30 až 45 minút, alebo kým omáčka nezhustne a manicotti sa neprehreje. Podávajte teplé.

Abruzzese Crepe and Mushroom Timbale

Scrippelle Timpani

Vyrába 8 porcií

Kamarátka, ktorej stará mama pochádzala z Terama v regióne Abruzzo, si spomínala na lahodný hrniec palaciniek s hríbmi a syrom, ktorý jej stará mama robila na prázdniny. Tu je verzia tohto jedla, ktorú som upravil z knihy Ricette di Osterie d'Italia od Slow Food Editore. Podľa knihy palacinky vznikli z premyslených krepových prípravkov, ktoré do regiónu zaviedli francúzski kuchári v 17. storočí.

   21/2 šálky<u>toskánska paradajková omáčka</u>

Palacinky

5 veľkých vajec

11/2 dl vody

1 lyžička soli

11/2 šálky viacúčelovej múky

Rastlinný olej na vyprážanie

Plnené

1 šálka sušených húb

1 šálka vlažnej vody

1/4 šálky olivového oleja

1 libra čerstvých bielych húb, opláchnutých a nahrubo nakrájaných

1 strúčik cesnaku, jemne nasekaný

2 lyžice čerstvej plochej petržlenovej vňate

Soľ a čerstvo mleté čierne korenie

12 uncí čerstvého syra mozzarella, nakrájaný na plátky a natrhaný na 1-palcové kúsky

1 šálka čerstvo nastrúhaného Parmigiano-Reggiano

1. Pripravte si paradajkovú omáčku. Vo veľkej mise zmiešajte ingrediencie na krepové cesto do hladka. Prikryte a chladte 30 minút alebo viac.

2. Zahrejte 6-palcovú nepriľnavú panvicu alebo panvicu na omeletu na strednom ohni. Panvicu jemne potrieme olejom.

Jednou rukou držte panvicu a nalejte do nej asi 1/3 šálky krepového cesta. Okamžite nadvihnite a otočte panvicu tak, aby úplne pokrývala dno tenkou vrstvou cesta. Odstráňte prebytočné cesto. Varte 1 minútu, alebo kým okraj placky nie je zlatohnedý a nezačína stúpať z panvice. Palačinku prevráťte prstami a druhú stranu jemne opečte. Varte ďalších 30 sekúnd alebo do zhnednutia.

3. Uvarenú palacinku posuňte na tanier. Opakujte prípravu palaciniek so zvyškom cesta a ukladajte ich na seba.

4. Na prípravu plnky namočte sušené huby na 30 minút do vody. Odstráňte huby a rezervujte si tekutinu. Opláchnite huby pod studenou tečúcou vodou, aby ste odstránili všetku drvinu, pričom osobitnú pozornosť venujte koncom stoniek, kde sa hromadia nečistoty. Nakrájajte huby na veľké kúsky. Hubovú tekutinu precedíme cez papierový kávový filter do misky.

5. Vo veľkej panvici zohrejte olej. Pridajte huby. Varte za častého miešania, kým huby nie sú zlatohnedé, 10 minút. Pridajte cesnak, petržlenovú vňať, soľ a korenie podľa chuti. Varte, kým cesnak nezozlatne, ešte asi 2 minúty. Pridajte sušené huby a ich tekutinu. Varte 5 minút alebo kým sa väčšina tekutiny neodparí.

6. Umiestnite stojan do stredu rúry. Predhrejte rúru na 375 ° F. Rozložte tenkú vrstvu paradajkovej omáčky do zapekacej misky s rozmermi 13 × 9 × 2 palce. Vytvorte vrstvu palaciniek a trochu ich prekrývajte. Nasleduje vrstva šampiňónov, mozzarelly, omáčky a syra. Vrstvy opakujte, zakončite palacinkami, omáčkou a strúhaným syrom.

7. Pečte 45 až 60 minút alebo kým omáčka nezhustne. Pred podávaním nechajte 10 minút postáť. Nakrájajte na štvorce a podávajte horúce.

Toskánske ručne robené špagety s mäsovou omáčkou

Pici al ragù

Vyrába 6 porcií

Žuvacie, ručne vyrábané cestoviny sú obľúbené v Toskánsku a častiach Umbrie, zvyčajne restované s mäsovým ragú. Cestoviny sa nazývajú pici alebo pinci a sú odvodené od slova appicciata, čo znamená „ručne ťahané".

Naučil som sa ich robiť v Montefollonico v reštaurácii s názvom La Chiusa, kde šéfkuchár prichádza ku každému stolu a dáva hosťom malú ukážku, ako ich vyrobiť. Sú veľmi jednoduché, ale sú veľmi časovo náročné.

3 šálky nebielenej univerzálnej múky plus ďalšie na tvarovanie cesta

Soľ

1 lyžica olivového oleja

asi 1 šálka vody

6 šálok <u>toskánska mäsová omáčka</u>

1/2 šálky čerstvo nastrúhaného Parmigiano-Reggiano

1. Do veľkej misy vložte múku a 1/4 čajovej lyžičky soli a miešajte, aby sa spojili. Do stredu nalejte olivový olej. Začnite miešať zmes za pomalého pridávania vody a prestaňte, keď sa cesto začne spájať a tvoriť guľu. Cesto vyberieme na jemne pomúčenú dosku a miesime, kým nebude hladké a elastické, asi 10 minút.

2. Cesto vytvarujte do gule. Prikryjeme prevrátenou miskou a necháme pôsobiť 30 minút.

3. Veľkú panvicu poprášte múkou. Cesto rozdeľte na štvrtiny. Pracujte so štvrtinou cesta naraz, zvyšok nechajte prikrytý. Odštipujte malé kúsky veľké asi ako lieskový orech.

4. Na jemne pomúčenej doske s natiahnutými rukami rozvaľkajte každý kúsok cesta na tenké nite hrubé asi 1/8 palca. Umiestnite pramene na pripravený plech na pečenie s určitým priestorom medzi nimi. Opakujte so zvyšným cestom. Nechajte pastu zaschnúť odkrytú asi 1 hodinu.

5. Medzitým si pripravte omáčku. Potom prevarte 4 litre vody vo veľkom hrnci. Podľa chuti dosolíme. Pridajte pici a varte do al dente, mäkké, ale stále pevné. Scedíme a zmiešame

cestoviny s omáčkou vo veľkej nahriatej miske. Posypeme syrom a znova premiešame. Podávajte teplé.

Pici s cesnakom a strúhankou

Pici s le Briciole

Pripraví 4 až 6 porcií

Toto jedlo pochádza z La Fattoria, pôvabnej reštaurácie pri jazere neďaleko etruského mesta Chiusi.

> 1 libra<u>Toskánske ručne robené špagety s mäsovou omáčkou</u>, kroky 1 až 6

1/2 šálky olivového oleja

4 veľké strúčiky cesnaku

1/2 šálky jemnej, suchej strúhanky

1/2 šálky čerstvo nastrúhaného Pecorino Romano

1. Pripravte si cestoviny. V panvici dostatočne veľkej na to, aby sa do nej zmestili všetky cestoviny, zohrejte olej na stredne nízkej teplote. Strúčiky cesnaku zľahka rozdrvte a vložte do panvice. Smažte, kým cesnak nie je zlatý, asi 5 minút. Nenechajte to hnednúť. Odstráňte cesnak z panvice a pridajte

strúhanku. Varte za častého miešania, kým strúhanka nie je zlatohnedá, asi 5 minút.

2. Medzitým uvarte aspoň 4 litre vody. Pridajte cestoviny a 2 polievkové lyžice soli. Dobre premiešajte. Varte na prudkom ohni za častého miešania, kým cestoviny nie sú al dente, jemné, ale pevné pri hryzení. Cestoviny sceďte.

3. Pridajte cestoviny do panvice s strúhankou a dobre premiešajte na strednom ohni. Posypeme syrom a znova premiešame. Ihneď podávajte.

semolinové cestoviny

robí asi 1 libru

Krupicová múka vyrobená z tvrdej pšenice sa používa na výrobu niekoľkých druhov čerstvých cestovín v južnom Taliansku, najmä v Puglii, Kalábrii a Basilicate. Po uvarení sú tieto cestoviny žuvacie a dobre fungujú so silnými mäsovými a zeleninovými omáčkami. Cesto je veľmi tvrdé. Dá sa miesiť ručne, aj keď je to trochu namáhavé. Radšej používam kuchynský robot alebo vysoko výkonný mixér na zahustenie zmesi, potom ju krátko premiesim ručne, aby som sa uistil, že dostanem správnu konzistenciu.

1 1/2 šálky jemnej krupičnej múky

1 šálka viacúčelovej múky plus viac na posypanie

1 lyžička soli

Asi 2/3 šálky teplej vody

1. Zmiešajte suché ingrediencie v miske vysokovýkonného kuchynského robota alebo mixéra. Postupne pridávame vodu tak, aby vzniklo tuhé, nelepivé cesto.

2. Cesto vyklopte na jemne pomúčenú dosku. Miesime do hladka, asi 2 minúty.

3. Cesto prikryjeme miskou a necháme 30 minút odpočívať. Dva veľké plechy vysypte múkou.

4. Cesto nakrájajte na 8 kusov. Pracujte s jedným kusom naraz, zostávajúce kusy prikryte prevrátenou miskou. Na jemne pomúčenej ploche rozvaľkajte časť cesta na dlhý povraz s hrúbkou asi 1/2 palca. Z cesta vytvarujte cavatelli alebo orrecchiette, ako je popísané v<u>Cavatelli s ragú</u>recept.

Cavatelli s ragú

Cavatelli s ragú

Pripraví 6 až 8 porcií

Obchody a katalógy špecializujúce sa na zariadenia na výrobu cestovín často obsahujú zariadenie na výrobu cavatelli. Vyzerá ako starý mlynček na mäso. Pripnete ho k pultu, na jeden koniec vložíte povraz cesta, otočíte kľukou a z druhého konca vyjde dobre hotové cavatelli. Nedávno som pracovala s množstvom tohto cesta, ale nezaťažovala by som sa tým, pokiaľ by som cavatelli nerobila často.

Pri tvarovaní cavatelli pracujte na drevenom alebo inom drsnom povrchu. Hrubý povrch udrží kúsky cesta na cestoviny, takže ich možno ťahať nožom namiesto toho, aby sa zošmykli, ako by to bolo na hladkej, hladkej doske.

ragú klobásabuďsicílska paradajková omáčka

1 librasemolinové cestovinypripravené v kroku 4

Soľ

1. Pripravte si ragú alebo omáčku. Pripravte si 2 múkou vysypané plechy.

2. Cesto nakrájajte na 1/2-palcové kúsky. Malý nôž s tupou čepeľou a zaoblenou špičkou držte ukazovákom pritlačeným na čepeľ noža. Každý kúsok cesta sploštíme, mierne zatlačíme a potiahneme, aby sa cesto skrútilo okolo špičky noža a vytvorilo škrupinu.

3. Kúsky rozložte na pripravené plechy. Opakujte so zvyšným cestom. (Ak cavatelli nepoužijete do hodiny, vložte podnosy do mrazničky. Keď sú kúsky pevné, vložte ich do plastového vrecka a pevne uzavrite. Pred varením nerozmrazujte.)

4. Na varenie priveďte štyri litre studenej vody do varu na vysokej teplote. Pridajte cavatelli a 2 polievkové lyžice soli. Varte za občasného miešania, kým nie sú cestoviny mäkké, ale stále trochu žuvacie.

5. Scedíme cavatelli a nalejeme do teplej servírovacej misy. Zmiešame s omáčkou. Podávajte teplé.

Cavatelli s kalamármi a šafranom

Cavatelli s chobotnicovým sugo

Vyrába 6 porcií

Mierne žuvacia textúra kalamárov dopĺňa žuvavosť cavatelli v tomto modernom sicílskom recepte. Omáčka nadobudne hladkú, zamatovú štruktúru zo zmesi múky a olivového oleja a krásnu žltú farbu zo šafranu.

1 čajová lyžička šafranových nití

2 polievkové lyžice teplej vody

1 stredná cibuľa, jemne nakrájaná

2 strúčiky cesnaku, nasekané veľmi jemne

5 lyžíc olivového oleja

1 čistá librachobotnice(chobotnice), nakrájame na 1/2-palcové krúžky

1/2 šálky suchého bieleho vína

Soľ a čerstvo mleté čierne korenie

1 polievková lyžica múky

1 libra čerstvých alebo mrazených cavatelli

1/4 šálky nasekanej čerstvej plochej petržlenovej vňate

Extra panenský olivový olej

1. Šafran rozdrvte v horúcej vode a uložte.

2. Na panvici dostatočne veľkej na to, aby sa do nej zmestili všetky cestoviny, opečte cibuľu a cesnak na 4 polievkových lyžiciach oleja na strednom ohni, kým cibuľa nezhnedne, cca. 10 minút. Pridajte kalamáre a varte za stáleho miešania, kým nie sú kalamáre nepriehľadné, cca. 2 minúty. Pridajte víno, soľ a korenie podľa chuti. Priveďte do varu a varte 1 minútu.

3. Zmiešajte zvyšnú lyžicu oleja a múku. Zmes vmiešame do kalamárov. Necháme dusiť. Pridajte šafranovú zmes a varte ďalších 5 minút.

4. Medzitým uvarte aspoň 4 litre vody. Pridajte cestoviny a 2 polievkové lyžice soli. Dobre premiešajte. Varte na prudkom ohni za častého miešania, kým cestoviny nezmäknú, ale budú

trochu kašovité. Cestoviny sceďte a nechajte si časť vody na varenie.

5. Cestoviny vmiešame do panvice s kalamármi. Ak sa zmes zdá suchá, pridajte trochu odloženej vody na varenie. Pridajte petržlenovú vňať a dobre premiešajte. Odstráňte z tepla a pokvapkajte trochou extra panenského olivového oleja. Ihneď podávajte.

Cavatelli s rukolou a paradajkou

Cavatelli s Rughettou a Pomodorim

Pripraví 4 až 6 porcií

Rukola je najznámejšia ako zelený šalát, ale v Apúlii sa často varí alebo, ako v tomto recepte, sa na poslednú chvíľu hodí do horúcej polievky alebo cestovín, aby jednoducho zvädla. Milujem oriešková príchuť, ktorú dodáva.

1/4 šálky olivového oleja

2 strúčiky cesnaku, jemne nasekané

2 libry zrelých slivkových paradajok, olúpaných, zbavených semienok a nakrájaných na kocky, alebo 1 (28 uncí) plechovky dovezených talianskych lúpaných paradajok so šťavou

Soľ a čerstvo mleté čierne korenie

1 libra čerstvých alebo mrazených cavatelli

1/2 šálky strúhaného ricottového šalátu alebo Pecorino Romano

1 veľký zväzok rukoly, orezaný a nakrájaný na malé kúsky (asi 2 šálky)

1. Na panvici dostatočne veľkej na to, aby sa do nej zmestili všetky ingrediencie, opečte cesnak na oleji na miernom ohni, kým jemne nezhnedne, cca. 2 minúty. Pridajte paradajky a soľ a korenie podľa chuti. Omáčku priveďte do varu a varte do zhustnutia, asi 20 minút.

2. Prevarte aspoň 4 litre vody. Pridajte cestoviny a soľ podľa chuti. Dobre premiešajte. Varte na prudkom ohni za častého miešania, kým cestoviny nezmäknú. Cestoviny sceďte a nechajte si časť vody na varenie.

3. Cestoviny vmiešame do paradajkovej omáčky s polovicou syra. Pridajte rukolu a dobre premiešajte. Ak sa vám cestoviny zdajú príliš suché, pridajte trochu vody na varenie. Posypeme zvyškom syra a ihneď podávame.

Orecchiette s bravčovým ragú

Orecchiette s Ragu di Maiale

Pripraví 6 až 8 porcií

Moja kamarátka Dora Marzovilla pochádza z Rutigliana neďaleko Bari. Je odborníčkou na výrobu cestovín a pri jej sledovaní som sa veľa naučil. Dora má špeciálnu drevenú misku na cestoviny, ktorá sa používa iba na výrobu cestovín. Hoci Dora vyrába veľa druhov čerstvých cestovín, vrátane halušiek, cavatelli, ravioli a maloreddus (sardínske šafranové halušky) pre rodinnú reštauráciu I Trulli v New Yorku, orecchiette je jej špecialitou.

Príprava orecchiette je veľmi podobná príprave cavatelli. Najväčší rozdiel je v tom, že škrupina cestovín má otvorenejší klenutý tvar, niečo ako prevrátené frisbee alebo v rozmarnej talianskej fantázii uška, odtiaľ názov.

1 recept [krupicové cesto](#)

3 šálky [Bravčové ragú s čerstvými bylinkami](#)

½ šálky čerstvo nastrúhaného Pecorino Romano

1. Pripravte si ragú a cesto. Pripravte si 2 veľké pomúčené plechy na pečenie. Cesto nakrájajte na 1/2-palcové kúsky. Malý nôž s tupou čepeľou a zaoblenou špičkou držte ukazovákom pritlačeným na čepeľ noža. Každý kúsok cesta sploštíme špičkou noža, mierne zatlačíme a potiahneme, aby cesto vytvorilo kotúč. Otočte každý disk na špičku palca a vytvorte kopulovitý tvar.

2. Kúsky rozložte na pripravené plechy. Opakujte so zvyšným cestom. (Ak orecchiette nepoužijete do 1 hodiny, vložte plechy do mrazničky. Keď sú kúsky pevné, vložte ich do plastového vrecka a pevne uzavrite. Pred vyprážaním nerozmrazujte.)

3. Prevarte aspoň 4 litre vody. Pridajte cestoviny a soľ podľa chuti. Dobre premiešajte. Varte na silnom ohni za častého miešania, kým cestoviny nie sú al dente, jemné, ale stále pevné pri zahryznutí. Cestoviny sceďte a nechajte si časť vody na varenie.

4. Pridajte cestoviny k ragú. Pridajte syr a dobre premiešajte, ak sa vám omáčka zdá príliš hustá, pridajte trochu vody na varenie. Ihneď podávajte.

Orecchiette s brokolicou Rabe

Orecchiette s Cime di Monkfish

Pripraví 4 až 6 porcií

Toto je do značnej miery oficiálne jedlo Puglia a nikde ho nenájdete chutnejšie. Vyžaduje si brokolicu rabe, niekedy nazývanú rapini, ale možno použiť aj okrúhlicu, horčicu, kel alebo obyčajnú brokolicu. Brokolica má dlhé stonky a listy a príjemne horkastú chuť, ale pri varení mierne zmäkne a zmäkne.

1 zväzok brokolice (asi 11/2 libry), nakrájanej na 1-palcové kúsky

Soľ

1/3 šálky olivového oleja

4 strúčiky cesnaku

8 filet zo sardel

Štipka mletej červenej papriky

1 libra čerstvého orecchiette alebo cavatelli

1. Varte veľký hrniec vody. Pridajte brokolicu rabe a soľ podľa chuti. Brokolicu povaríme 5 minút a scedíme. Mal by byť stále pevný.

2. Osušte panvicu. Zohrejte olej s cesnakom na stredne nízkej teplote. Pridajte ančovičky a červenú papriku. Keď je cesnak zlatistý, pridáme brokolicu. Varte za stáleho miešania, aby sa brokolica obalila olejom, kým nebude veľmi mäkká, cca. 5 minút.

3. Prevarte aspoň 4 litre vody. Pridajte cestoviny a soľ podľa chuti. Dobre premiešajte. Varte na silnom ohni za častého miešania, kým cestoviny nie sú al dente, jemné, ale stále pevné pri zahryznutí. Cestoviny sceďte a nechajte si časť vody na varenie.

4. Pridajte brokolicové rabe cestoviny. Varte za stáleho miešania 1 minútu alebo kým sa cestoviny dobre nezmiešajú. V prípade potreby pridajte trochu vody z varenia.

Rozmanitosť: Odstráňte ančovičky. Cestoviny podávajte posypané nasekanými praženými mandľami alebo strúhaným Pecorino Romano.

Rozmanitosť: Odstráňte ančovičky. Odstráňte črevá z 2 talianskych párkov. Mäso nakrájame a orestujeme s cesnakom, korením a brokolicou. Podávame posypané Pecorino Romano.

Orecchiette s karfiolom a paradajkami

Orecchiette s Cavolfiore a Pomodori

Pripraví 4 až 6 porcií

Túto cestovinu ma naučil robiť sicílsky príbuzný, ale jedia ju aj v Puglii. Ak chcete, nahraďte opečenú strúhanku strúhaným syrom.

1/3 šálky plus 2 lyžice olivového oleja

1 strúčik cesnaku, jemne nasekaný

3 libry slivkových paradajok, olúpaných, zbavených semienok a nakrájaných na kocky alebo 1 (28 uncí) plechovky dovezených talianskych lúpaných paradajok, odšťavených, nakrájaných na kocky

1 stredný karfiol, orezaný a nakrájaný na ružičky

Soľ a čerstvo mleté čierne korenie

3 lyžice bežnej suchej strúhanky

2 nasekané ančovičky (voliteľné)

1 libra čerstvého orecchiette

1. Na panvici dostatočne veľkej, aby sa do nej zmestili všetky ingrediencie, opečte cesnak na 1/3 šálky olivového oleja na strednom ohni dozlatista. Pridajte paradajky a soľ a korenie podľa chuti. Priveďte do varu a varte 10 minút.

2. Pridajte karfiol. Zakryte a varte za občasného miešania, kým karfiol nezmäkne, asi 25 minút. Karfiol trochu roztlačte zadnou stranou lyžice.

3. Zvyšné 2 polievkové lyžice oleja zohrejte na miernom ohni v malej panvici. Ak používate, pridajte strúhanku a ančovičky. Varte, miešajte, kým sa omrvinky neopečú a olej nevstrebe.

4. Prevarte aspoň 4 litre vody. Pridajte cestoviny a soľ podľa chuti. Varte za častého miešania, kým nie sú cestoviny al dente, jemné, ale stále pevné pri zahryznutí. Cestoviny sceďte a nechajte si časť vody na varenie.

5. Cestoviny zmiešame s paradajkovou a karfiolovou omáčkou. V prípade potreby pridajte trochu vody na varenie. Posypeme strúhankou a ihneď podávame.

Orecchiette s klobásou a kapustou

Orecchiette so salsicciou a Cavolo

Vyrába 6 porcií

Keď sa moja kamarátka Domenica Marzovilla vrátila z výletu do Toskánska, opísala mi tieto cestoviny, ktoré jedla u kamarátky. Znelo to tak jednoducho a dobre, išiel som domov a urobil som to.

2 polievkové lyžice olivového oleja

8 gramov sladkého bravčového choriza

8 gramov horúcich bravčových klobás

2 šálky dovezených talianskych paradajok z konzervy, scedené a nakrájané

Soľ

1 libra kelu (asi 1/2 strednej hlavy)

1 libra čerstvého orecchiette alebo cavatelli

1. V strednom hrnci zohrejte olej na strednom ohni. Pridajte párky a opekajte zo všetkých strán do zlatista, asi 10 minút.

2. Pridajte paradajky a štipku soli. Priveďte do varu a varte, kým omáčka nezhustne, asi 30 minút.

3. Z kapusty vyrežeme jadrovník. Kapustu nakrájame na tenké prúžky.

4. Varte veľký hrniec vody. Pridáme kapustu a po zovretí vody varíme 1 minútu. Kapustu vydlabeme dierovanou lyžicou. Dobre sceďte. Rezervujte si vodu na varenie.

5. Párky vyberte na dosku a omáčku nechajte na panvici. Pridajte kapustu do omáčky; varíme 15 minút. Klobásu nakrájame na tenké plátky.

6. Vodu opäť prevaríme a cestoviny uvaríme so soľou podľa chuti. Dobre sceďte a zmiešajte s klobásou a omáčkou. Podávajte teplé.

Orecchiette s mečiarom

Orecchiette s Fish Spada

Pripraví 4 až 6 porcií

Ak chcete, mečúňa môže byť nahradená tuniakom alebo žralokom. Solenie baklažánu odstráni časť horkej šťavy a zlepší štruktúru, hoci mnohí kuchári považujú tento krok za zbytočný. Ja vždy posolím, ale výber je na vás. Baklažán môže byť varený niekoľko hodín pred cestovinami. Pred podávaním ho stačí zahriať na plechu na pečenie v rúre pri teplote 350 ° F asi 10 minút. Tieto sicílske cestoviny sú v talianskej kuchyni nezvyčajné tým, že omáčka síce obsahuje rybu, ale je zakončená syrom, ktorý pridáva na bohatosti.

1 veľký alebo 2 malé baklažány (asi 1 1/2 libry)

Hrubá soľ

Kukuričný alebo iný rastlinný olej na vyprážanie

3 lyžice olivového oleja

1 veľký strúčik cesnaku, veľmi jemne nasekaný

2 zelené cibule, jemne nakrájané

8 uncí filé z mečúňa alebo inej mäsitej ryby (asi 1/2-palcová hrubá), koža odstránená a nakrájaná na 1/2-palcové kúsky

Čerstvo mleté čierne korenie podľa chuti

2 polievkové lyžice bieleho vínneho octu

2 šálky ošúpaných čerstvých paradajok zbavených semienok a nakrájaných na kocky alebo na kocky nakrájaných konzervovaných talianskych paradajok so šťavou

1 lyžička nasekaných čerstvých listov oregana alebo štipka sušeného oregana

1 libra čerstvého orecchiette alebo cavatelli

1/3 šálky čerstvo nastrúhaného Pecorino Romano

1. Nakrájajte baklažán na 1-palcové kocky. Kúsky položte do cedníka na tanier a bohato posypte soľou. Nechajte 30 minút až 1 hodinu. Kúsky baklažánu rýchlo opláchnite. Kúsky položte na papierové obrúsky a vyžmýkajte, kým nebudú suché.

2. Vo veľkej hlbokej panvici na strednom ohni zohrejte asi 1/2-palcový olej. Ak chcete ochutiť olej, opatrne doň vložte malý kúsok baklažánu. Ak rýchlo prská a vrie, pridajte toľko baklažánu, aby ste vytvorili jednu vrstvu. Panvicu neprepĺňajte. Varte za občasného miešania, kým nie je baklažán chrumkavý a zlatý, cca. 5 minút. Kúsky vyberte štrbinovou lyžicou. Necháme dobre odkvapkať na papierových utierkach. Opakujte so zvyšným baklažánom. Odlož bokom.

3. Na strednej panvici na strednom ohni opečte olivový olej s cesnakom a zelenou cibuľkou 30 sekúnd. Pridajte rybu a posypte soľou a korením. Varte za občasného miešania, kým ryba už nie je ružová, asi 5 minút. Pridajte ocot a varte 1 minútu. Pridajte paradajky a oregano. Priveďte do varu a varte 15 minút alebo do mierneho zhustnutia.

4. Medzitým priveďte do varu veľký hrniec so studenou vodou. Podľa chuti dosolíme a pridáme cestoviny. Varte za občasného miešania, kým nebude al dente, mäkká a pevná. Dobre sceďte.

5. Spojte cestoviny, omáčku a baklažán vo veľkej servírovacej miske, aby ste ich mohli podávať horúce. Dobre strieľať. Pridajte syr. Podávajte teplé.

Ryža, kukuričná múka a iné obilniny

Spomedzi mnohých druhov obilnín pestovaných a používaných v celom Taliansku sú najbežnejšie ryža a kukuričná múka. Farro, kuskus a jačmeň sú regionálne obľúbené, rovnako ako pšeničné bobule.

Ryža bola prvýkrát privezená do Talianska z Blízkeho východu. Obzvlášť dobre rastie v severnom Taliansku, najmä v regiónoch Piemont a Emilia-Romagna.

Talianski kuchári sú veľmi špecifickí, pokiaľ ide o typ strednozrnnej ryže, ktorú uprednostňujú, hoci rozdiely medzi odrodami môžu byť jemné. Mnoho kuchárov špecifikuje jednu variáciu pre rizoto s morskými plodmi a inú pre rizoto so zeleninou. Často sú preferencie regionálne alebo jednoducho tradičné, hoci každá odroda má špecifické vlastnosti. Ryža Carnaroli dobre drží tvar a vytvára o niečo krémovejšie rizoto. Vialone Nano sa varí rýchlejšie a má jemnejšiu chuť. Arborio je najznámejší a široko dostupný, ale chuť je menej jemná. Najlepšie je na rizoto zo silne ochutených ingrediencií. Ktorúkoľvek z týchto troch odrôd možno použiť v receptoch na rizoto v tejto knihe.

Kukurica je v Taliansku relatívne nová obilnina. Až po európskom prieskume Nového sveta sa kukurica dostala do Španielska a odtiaľ sa rozšírila po celom kontinente. Kukurica je nenáročná a lacná na pestovanie, preto bola rýchlo vysadená vo veľkých množstvách. Väčšina sa pestuje na kŕmenie zvierat, ale kukuričná múka, biela aj žltá, sa zvyčajne používa na polentu. V Taliansku je zriedkavé nájsť kukuričný klas, s výnimkou Neapola, kde predajcovia niekedy predávajú grilovanú kukuricu ako pouličné jedlo. Rimania občas pridávajú kukuričné lupienky z plechovky do miešaných šalátov, ale to je exotická vzácnosť.

Farro a zrná podobné pšenici sa najčastejšie vyskytujú v strednom a južnom Taliansku, kde sa pestujú. Starobylá odroda pšenice, farro, je Talianmi považovaná za zdravú potravinu. Je výborný do polievok, šalátov a iných úprav.

Jačmeň je staré zrno, ktoré dobre rastie v chladnejších severných oblastiach. Rimania kŕmili svoje armády jačmeňom a inými obilninami. Varilo sa v kaši alebo polievke známej ako strukovina, pravdepodobne predchodca polenty. Dnes sa jačmeň vyskytuje najmä v severovýchodnom Taliansku, neďaleko Rakúska, pripravuje sa ako rizoto alebo sa pridáva do polievky.

Kuskus, vyrobený z múky z tvrdej pšenice zvinutej do malých granúl, je typický pre západnú Sicíliu a je pozostatkom arabskej nadvlády regiónu pred storočiami. Zvyčajne sa pripravuje s vývarom z morských plodov alebo mäsového guláša.

RYŽA

Ryža sa pestuje v severnom Taliansku v regiónoch Piemont a Emilia-Romagna a je základom, ktorý sa často konzumuje namiesto cestovín alebo polievky ako prvé jedlo. Klasický spôsob varenia ryže je ako rizoto, čo je moja predstava o ryžovom nebi!

Ak ste to ešte nikdy nerobili, technika rizota sa vám môže zdať nezvyčajná. Žiadna iná kultúra nepripravuje ryžu tak ako Taliani, hoci technika je podobná príprave pilafu, kde sa ryža dusí a potom varí a tekutina z varenia sa absorbuje. Cieľom je uvariť ryžu tak, aby uvoľnila škrob a vytvorila krémovú omáčku. Hotová ryža by mala byť jemná, ale stále pevná, keď sa do nej zahryznete, al dente. Fazuľa absorbuje chute ostatných zložiek a bude obklopená krémovou tekutinou. Pre dosiahnutie najlepších výsledkov by sa rizoto malo konzumovať ihneď po uvarení, inak môže byť suché a kašovité.

Rizoto je najlepšie, keď sa pripravuje doma. Máloktorá reštaurácia dokáže príprave rizota venovať toľko času, koľko je potrebné, hoci to v skutočnosti nie je veľa. V skutočnosti mnohé reštaurácie v kuchyniach ryžu čiastočne predvaria a potom ju schladia. Keď si niekto objedná rizoto, ryža sa zohreje a na dokončenie varenia sa pridá tekutina s potrebnými ochucovacími prísadami.

Keď pochopíte proces, príprava rizota je celkom jednoduchá a dá sa prispôsobiť mnohým rôznym kombináciám ingrediencií. Prvým krokom pri príprave rizota je výber správneho druhu ryže. Dlhozrnná ryža, ako ju často nájdeme v USA, nie je vhodná na prípravu rizota, pretože nemá správny druh škrobu. Strednozrnná ryža, zvyčajne predávaná ako odrody Arborio, Carnaroli alebo Vialone Nano, má typ škrobu, ktorý sa uvoľňuje zo zŕn, keď sa varí a mieša s vývarom alebo inou tekutinou. Škrob sa naviaže na tekutinu a stane sa krémovou.

Strednozrnná ryža dovážaná z Talianska je bežne dostupná v supermarketoch. Pestuje sa aj v USA a teraz sa dá ľahko nájsť.

Potrebujete aj dobrý kurací, mäsový, rybí alebo zeleninový vývar. Je lepšie si ho pripraviť doma, ale môžete použiť konzervovaný (alebo krabicový) vývar. Zdá sa mi, že zásoby kúpené v obchode sú príliš silné na použitie priamo z nádoby a často ich riedim vodou. Pamätajte, že balený vývar, pokiaľ nepoužívate odrodu s nízkym obsahom sodíka, obsahuje veľa soli, takže pridanú soľ podľa toho upravte. Zásobníkové kocky sú veľmi slané a umelo ochutené, takže ich nepoužívam.

biele rizoto

Rizoto na bielom

Vyrába 4 porcie

Toto biele rizoto je také jednoduché a uspokojivé ako vanilková zmrzlina. Podávajte ako prvý chod alebo ako ozdobu na grilovanie mäsa. Ak máte čerstvú hľuzovku, skúste ju oholiť na hotové rizoto, aby ste získali luxusný nádych. Ak áno, mali by ste syr odstrániť.

4 šálky<u>Mäsový vývar</u>buď<u>Kuracia polievka</u>

4 lyžice nesoleného masla

1 lyžica olivového oleja

1/4 šálky nakrájanej šalotky alebo cibule

1 1/2 šálky strednozrnnej ryže, ako je Arborio, Carnaroli alebo Vialone Nano

1/2 šálky suchého bieleho vína alebo šumivého vína

Soľ a čerstvo mleté čierne korenie

1/2 šálky čerstvo nastrúhaného Parmigiano-Reggiano

1. V prípade potreby pripravte vývar. Na strednom ohni priveďte vývar do varu a potom znížte teplotu, aby bol vývar teplý. V širokom hrnci rozpustite na strednom ohni 3 lyžice masla s olejom. Pridajte šalotku a varte do mäkka, ale nie do hneda, asi 5 minút.

2. Pridajte ryžu a miešajte drevenou vareškou, kým sa nezahreje, asi 2 minúty. Pridajte víno a za stáleho miešania varte, kým sa väčšina tekutiny neodparí.

3. Ryžu zalejeme 1/2 šálky vývaru. Varte, miešajte, kým sa väčšina tekutiny neabsorbuje. Pokračujte v pridávaní vývaru asi 1/2 šálky naraz a po každom pridaní miešajte. Teplotu upravte tak, aby sa tekutina rýchlo dusila, ale ryža sa neprilepila na panvicu. Približne v polovici varenia pridajte soľ a korenie podľa chuti.

4. Použite len toľko vývaru, koľko potrebujete, kým ryža nie je mäkká, ale pevná na skus a rizoto krémové. Keď si myslíte, že by to mohlo byť hotové, skúste fazuľu. Ak nie je pripravený, skúste to znova o minútu. Ak vám dôjde vývar skôr, ako ryža

zmäkne, použite horúcu vodu. Čas varenia bude 18 až 20 minút.

5. Odstavte panvicu na rizoto z ohňa. Pridajte zvyšnú lyžicu masla a syra, kým sa neroztopí a nebude krémová. Ihneď podávajte.

Šafranové rizoto na milánsky spôsob

Rizoto alla Milanese

Pripraví 4 až 6 porcií

Zlaté rizoto s šafranom je klasickým milánskym sprievodom k Osso Buco (pozri<u>Milánske teľacie stehná</u>). Pridaním drene z veľkých hovädzích kostí do rizota získa rizoto bohatú, mäsovú chuť a je to tradičné, ale rizoto sa dá pripraviť aj bez nej.

6 šálok<u>Kuracia polievka</u>buď<u>Mäsový vývar</u>

1⁄2 lyžičky rozdrvených šafranových nití

4 lyžice nesoleného masla

2 lyžice hovädzej drene (voliteľné)

2 polievkové lyžice olivového oleja

1 malá cibuľa, nakrájaná veľmi jemne

2 šálky (asi 1 libra) stredne zrnitej ryže, ako je Arborio, Carnaroli alebo Vialone Nano

Soľ a čerstvo mleté čierne korenie

½ šálky čerstvo nastrúhaného Parmigiano-Reggiano

1. V prípade potreby pripravte vývar. Na strednom ohni priveďte vývar do varu a potom znížte teplotu, aby bol vývar teplý. Odstráňte 1/2 šálky vývaru a vložte do malej misky. Pridajte šafran a nechajte odstáť.

2. Zohrejte 2 polievkové lyžice masla, dreň, ak používate, a olej na strednom ohni v širokom hrnci. Keď sa maslo rozpustí, pridáme cibuľu a za častého miešania opekáme do zlatista, cca. 10 minút.

3. Pridajte ryžu a varte za miešania drevenou vareškou, kým nebude horúca, cca. 2 minúty. Pridajte 1/2 šálky horúceho vývaru a miešajte, kým sa tekutina nevstrebe. Pokračujte v pridávaní vývaru 1/2 šálky naraz a po každom pridaní miešajte. Teplotu upravte tak, aby sa tekutina rýchlo dusila, ale ryža sa neprilepila na panvicu. Asi v polovici varenia pridajte zmes šafranu a podľa chuti soľ a korenie.

4. Použite len také množstvo vývaru, ktoré potrebujete, kým ryža nie je mäkká, ale stále pevná na zahryznutie. Keď si myslíte, že by to mohlo byť hotové, skúste fazuľu. Ak nie je pripravený, skúste to znova o minútu. Ak vám dôjde vývar

skôr, ako ryža zmäkne, použite horúcu vodu. Čas varenia bude 18 až 20 minút.

5. Odstavte panvicu na rizoto z ohňa a vmiešajte zvyšné 2 polievkové lyžice masla a syra, kým sa neroztopí a nie je krémová. Ihneď podávajte.

špargľové rizoto

Rizoto so špargľou

Vyrába 6 porcií

Región Veneto je známy svojou krásnou bielou špargľou s levanduľou. Na dosiahnutie jemnej farby je špargľa počas rastu prikrytá, aby nebola vystavená slnečnému žiareniu a nevytvárala chlorofyl. Biela špargľa má jemnú chuť a je jemnejšia ako zelená. Biela špargľa je ideálna pre toto rizoto, ale môžete si ju pripraviť aj z bežnej zelenej odrody a chuť bude stále skvelá.

    5 šálok<u>Kuracia polievka</u>

1 libra čerstvej špargle, nakrájanej

4 lyžice nesoleného masla

1 malá cibuľa, nakrájaná nadrobno

2 šálky strednezrnnej ryže, ako je Arborio, Carnaroli alebo Vialone Nano

1/2 šálky suchého bieleho vína

Soľ a čerstvo mleté čierne korenie

3/4 šálky čerstvo nastrúhaného Parmigiano-Reggiano

1. V prípade potreby pripravte vývar. Priveďte vývar do varu na strednom ohni, potom oheň znížte tak, aby udržal vývar teplý. Špargľu odrežte a odložte. Nakrájajte stonky na 1/2-palcové plátky.

2. V širokom a ťažkom hrnci rozpustite 3 lyžice masla. Pridajte cibuľu a varte na miernom ohni za občasného miešania, kým nebude veľmi mäkká a zlatá, cca. 10 minút.

3. Pridajte stonky špargle. Varte za občasného miešania 5 minút.

4. Pridajte ryžu a varte za miešania drevenou vareškou, kým nebude horúca, cca. 2 minúty. Pridáme víno a za stáleho miešania varíme, kým sa tekutina neodparí. Ryžu zalejeme 1/2 šálky vývaru. Varte, miešajte, kým sa väčšina tekutiny neabsorbuje.

5. Pokračujte v pridávaní vývaru asi 1/2 šálky naraz a po každom pridaní miešajte. Teplotu upravte tak, aby sa tekutina rýchlo dusila, ale ryža sa neprilepila na panvicu. Asi po 10 minútach pridáme špargľové špičky. Okoreníme soľou a

korením. Použite len toľko vývaru, koľko potrebujete, kým ryža nie je mäkká, ale pevná na skus a rizoto krémové. Keď si myslíte, že by to mohlo byť hotové, skúste fazuľu. Ak nie je pripravený, skúste to znova o minútu. Ak vám dôjde vývar skôr, ako ryža zmäkne, použite horúcu vodu. Čas varenia bude 18 až 20 minút.

6. Odstavte panvicu na rizoto z ohňa. Pridajte syr a zvyšnú lyžicu masla. Rád korením. Ihneď podávajte.

Rizoto s červenou paprikou

Rizoto s Pepperoni Rossi

Vyrába 6 porcií

Na vrchole sezóny, keď v zeleninároch vynikajú jasne červené papriky, ma inšpiruje ich použitie na toľko spôsobov. Vďaka jemnej, sladkej chuti a krásnej farbe chutí všetko od omeliet až po cestoviny, polievky, šaláty a dusené mäso. Toto nie je tradičný recept, ale jedného dňa ma napadol pri hľadaní nového spôsobu využitia červenej papriky. V tomto recepte by dobre fungovali aj žlté alebo oranžové papriky.

5 šálok<u>Kuracia polievka</u>

3 lyžice nesoleného masla

1 lyžica olivového oleja

1 malá cibuľa, nakrájaná nadrobno

2 červené papriky zbavené semienok a nakrájané nadrobno

2 šálky strednezrnnej ryže, ako je Arborio, Carnaroli alebo Vialone Nano

Soľ a čerstvo mleté čierne korenie

1/2 šálky čerstvo nastrúhaného Parmigiano-Reggiano

1. V prípade potreby pripravte vývar. Priveďte vývar do varu na strednom ohni, potom oheň znížte tak, aby udržal vývar teplý. V širokom hrnci zohrejte 2 polievkové lyžice masla a oleja na strednom ohni. Keď sa maslo rozpustí, pridáme cibuľu a za častého miešania opekáme do zlatista asi 10 minút. Pridajte papriku a varte ďalších 10 minút.

2. Pridajte ryžu a miešajte drevenou vareškou, kým sa nezahreje, asi 2 minúty. Pridajte 1/2 šálky horúceho vývaru a miešajte, kým sa tekutina nevstrebe. Pokračujte v pridávaní vývaru 1/2 šálky naraz a po každom pridaní miešajte. Teplotu upravte tak, aby sa tekutina rýchlo dusila, ale ryža sa neprilepila na panvicu. Asi v polovici varenia dochutíme soľou a korením.

3. Použite len toľko vývaru, koľko potrebujete, kým ryža nie je mäkká, ale pevná na skus a rizoto krémové. Keď si myslíte, že by to mohlo byť hotové, skúste fazuľu. Ak nie je pripravený, skúste to znova o minútu. Ak tekutina vytečie pred uvarením

ryže, dovarte ju horúcou vodou. Čas varenia bude 18 až 20 minút.

4. Odstavte panvicu na rizoto z ohňa. Pridajte zvyšnú lyžicu masla a syra, kým sa neroztopí a nebude krémová. Rád korením. Ihneď podávajte.

Rizoto s paradajkami a rukolou

Rizoto s pomodori a rukolou

Vyrába 6 porcií

Čerstvé paradajky, bazalka a rukola robia z tohto rizota esenciu leta. Rád ho podávam s vychladeným bielym vínom, ako je Campanias Furore od výrobcu Matilde Cuomo.

5 šálok<u>Kuracia polievka</u>

1 veľký zväzok rukoly, nasekaný a opláchnutý

3 lyžice olivového oleja

1 malá cibuľa, nakrájaná nadrobno

2 libry zrelých slivkových paradajok, olúpaných, zbavených semienok a nasekaných

2 šálky strednezrnnej ryže, ako je Arborio, Carnaroli alebo Vialone Nano

Soľ a čerstvo mleté čierne korenie

1/2 šálky čerstvo nastrúhaného Parmigiano-Reggiano

2 lyžice nasekanej čerstvej bazalky

1 lyžica extra panenského olivového oleja

1. V prípade potreby pripravte vývar. Priveďte vývar do varu na strednom ohni, potom oheň znížte tak, aby udržal vývar teplý. Listy rukoly nakrájame na malé kúsky. Mali by ste mať asi 2 šálky.

2. Nalejte olej do širokého, ťažkého hrnca. Pridajte cibuľu a varte na miernom ohni za občasného miešania drevenou vareškou, kým cibuľa nie je veľmi mäkká a zlatá, cca. 10 minút.

3. Pridajte paradajky. Varíme za občasného miešania, kým sa väčšina šťavy neodparí, cca. 10 minút.

4. Pridajte ryžu a varte za miešania drevenou vareškou, kým nebude horúca, cca. 2 minúty. Ryžu zalejeme 1/2 šálky vývaru. Varte a miešajte, kým sa väčšina tekutiny nevstrebe.

5. Pokračujte v pridávaní vývaru asi 1/2 šálky naraz a po každom pridaní miešajte. Teplotu upravte tak, aby sa tekutina rýchlo dusila, ale ryža sa neprilepila na panvicu. V polovici varenia dochutíme soľou a korením. Použite len toľko vývaru,

koľko potrebujete, kým ryža nie je mäkká, ale pevná na skus a rizoto krémové. Keď si myslíte, že by to mohlo byť hotové, skúste fazuľu. Ak nie je pripravený, skúste to znova o minútu. Ak vám dôjde vývar skôr, ako ryža zmäkne, použite horúcu vodu. Čas varenia bude 18 až 20 minút.

6. Odstavte panvicu na rizoto z ohňa. Pridajte syr, bazalku a lyžicu extra panenského olivového oleja. Rád korením. Pridáme rukolu a ihneď podávame.

Rizoto s červeným vínom a čakankou

Rizoto al Radicchio

Vyrába 6 porcií

Radicchio, člen rodiny čakanky, sa pestuje vo Veneto. Rovnako ako čakanka, ktorej je príbuzná, aj čakanka má mierne horkú, ale sladkú chuť. Hoci si to väčšinou predstavujeme ako farebný doplnok šalátovej misy, Taliani radicchio často varia. Môže sa nakrájať na mesiačiky a grilovať, alebo sa listy môžu obaliť okolo plnky a upiecť ako predjedlo. Živá bordová farba sa varením zmení na tmavo mahagónovú hnedú. Mal som toto rizoto v Il Cenacolo, reštaurácii vo Verone, ktorá má tradičné recepty.

5 šálokKuracia polievkabuďMäsový vývar

1 stredná čakanka (asi 12 gramov)

2 polievkové lyžice olivového oleja

2 lyžice nesoleného masla

1 malá cibuľa, nakrájaná nadrobno

1/2 šálky suchého červeného vína

2 šálky strednezrnnej ryže, ako je Arborio, Carnaroli alebo Vialone Nano

Soľ a čerstvo mleté čierne korenie

1/2 šálky čerstvo nastrúhaného Parmigiano-Reggiano

1. V prípade potreby pripravte vývar. Priveďte vývar do varu na strednom ohni, potom oheň znížte tak, aby udržal vývar teplý. Radicchio orežte a nakrájajte na 1/2 palca hrubé plátky. Nakrájajte plátky na 1-palcové dĺžky.

2. V širokom hrnci zohrejte olej s 1 lyžicou masla na strednom ohni. Keď sa maslo rozpustí, pridajte cibuľu a za občasného miešania varte, kým cibuľa nezmäkne, asi 10 minút.

3. Zvýšte teplotu na strednú úroveň, pridajte radicchio a varte do zmäknutia, cca. 10 minút.

4. Pridajte ryžu. Pridajte víno a za stáleho miešania varte, kým sa väčšina tekutiny nevstrebe. Ryžu zalejeme 1/2 šálky vývaru. Varte a miešajte, kým sa väčšina tekutiny nevstrebe.

5. Pokračujte v pridávaní vývaru asi 1/2 šálky naraz a po každom pridaní miešajte. Teplotu upravte tak, aby sa tekutina rýchlo dusila, ale ryža sa neprilepila na panvicu. V polovici varenia dochutíme soľou a korením. Použite len toľko vývaru, koľko potrebujete, kým ryža nie je mäkká, ale pevná na skus a rizoto krémové. Keď si myslíte, že by to mohlo byť hotové, skúste fazuľu. Ak nie je pripravený, skúste to znova o minútu. Ak vám dôjde vývar skôr, ako ryža zmäkne, použite horúcu vodu. Čas varenia bude 18 až 20 minút.

6. Odstráňte panvicu z ohňa a pridajte zvyšnú lyžicu masla a syr. Rád korením. Ihneď podávajte.

Rizoto s karfiolovým krémom

Rizoto al Cavolfiore

Vyrába 6 porcií

V Parme si možno nedáte predjedlo ani hlavné jedlo, ale nikdy nezmeškáte príležitosť zjesť rizoto alebo cestoviny; sú vždy neuveriteľne dobré. Toto je moja verzia rizota, ktoré som jedol pred niekoľkými rokmi v La Filoma, vynikajúcej trattorii.

Keď som prvýkrát robil toto rizoto, mal som po ruke tubu cestovín z bielej hľuzovky a na konci varenia som ich trochu premiešal. Chuť bola senzačná. Skúste to, ak nájdete hľuzovkové cestoviny.

4 šálky<u>Kuracia polievka</u>

4 šálky karfiolu nakrájaného na 1/2-palcové ružičky

1 strúčik cesnaku, jemne nasekaný

1 1/2 dl mlieka

Soľ

4 lyžice nesoleného masla

1/4 šálky nadrobno nakrájanej cibule

2 šálky strednezrnnej ryže, ako je Arborio, Carnaroli alebo Vialone Nano

čerstvo mleté čierne korenie

3/4 šálky čerstvo nastrúhaného Parmigiano-Reggiano

1. V prípade potreby pripravte vývar. Priveďte vývar do varu na strednom ohni, potom oheň znížte tak, aby udržal vývar teplý. V strednom hrnci zmiešajte karfiol, cesnak, mlieko a štipku soli. Necháme dusiť. Varíme, kým sa väčšina tekutiny neodparí a karfiol nezmäkne, asi 10 minút. Udržujte veľmi nízky oheň a občas zmes premiešajte, aby sa nepripálila.

2. V širokom hrnci zohrejte olej s 2 lyžicami masla na strednom ohni. Keď sa maslo rozpustí, pridáme cibuľu a za občasného miešania varíme, kým cibuľa nie je veľmi mäkká a zlatistá, cca. 10 minút.

3. Pridajte ryžu a varte za miešania drevenou vareškou, kým nebude horúca, cca. 2 minúty. Zalejeme asi 1/2 šálky vývaru. Varte a miešajte, kým sa väčšina tekutiny nevstrebe.

4. Pokračujte v pridávaní vývaru 1/2 šálky naraz za stáleho miešania, kým sa nevstrebe. Teplotu upravte tak, aby sa tekutina rýchlo dusila, ale ryža sa neprilepila na panvicu. Asi v polovici varenia dochutíme soľou a korením.

5. Keď je ryža takmer hotová, pridajte karfiolovú zmes. Použite len toľko vývaru, koľko potrebujete, kým ryža nie je mäkká, ale pevná na skus a rizoto krémové. Keď si myslíte, že by to mohlo byť hotové, skúste fazuľu. Ak nie je pripravený, skúste to znova o minútu. Ak vám dôjde vývar skôr, ako ryža zmäkne, použite horúcu vodu. Čas varenia bude 18 až 20 minút.

6. Odstráňte panvicu z tepla a dochuťte korením. Pridajte zvyšné 2 lyžice masla a syr. Ihneď podávajte.

citrónové rizoto

Citrónové rizoto

Vyrába 6 porcií

Živá chuť kôry a čerstvej citrónovej šťavy rozžiari toto rizoto, ktoré som mal na Capri. Aj keď to Taliani nerobia často, ja ho rád podávam ako prílohu k duseným mušle alebo grilovaným rybám.

5 šálok<u>Kuracia polievka</u>

4 lyžice nesoleného masla

1 malá cibuľa, nakrájaná nadrobno

2 šálky strednezrnnej ryže, ako je Arborio, Carnaroli alebo Vialone Nano

Soľ a čerstvo mleté čierne korenie

1 polievková lyžica čerstvej citrónovej šťavy

1 lyžička strúhanej citrónovej kôry

1/2 šálky čerstvo nastrúhaného Parmigiano-Reggiano

1. V prípade potreby pripravte vývar. Priveďte vývar do varu na strednom ohni, potom oheň znížte tak, aby udržal vývar teplý. Rozpustite 2 polievkové lyžice masla na strednom ohni v širokom hrnci. Pridajte cibuľu a varte za častého miešania do zlatohneda, asi 10 minút.

2. Pridajte ryžu a miešajte drevenou vareškou, kým sa nezahreje, asi 2 minúty. Pridajte 1/2 šálky horúceho vývaru a miešajte, kým sa tekutina nevstrebe.

3. Pokračujte v pridávaní vývaru 1/2 šálky naraz a po každom pridaní miešajte. Teplotu upravte tak, aby sa tekutina rýchlo dusila, ale ryža sa neprilepila na panvicu. Asi v polovici varenia dochutíme soľou a korením.

4. Použite len toľko vývaru, koľko potrebujete, kým ryža nie je mäkká, ale pevná na skus a rizoto krémové. Keď si myslíte, že by to mohlo byť hotové, skúste fazuľu. Ak nie je pripravený, skúste to znova o minútu. Ak vám dôjde vývar skôr, ako ryža zmäkne, použite horúcu vodu. Čas varenia bude 18 až 20 minút.

5. Odstavte panvicu na rizoto z ohňa. Pridajte citrónovú šťavu a kôru, zvyšné 2 lyžice masla a syr. Miešame, kým sa maslo a

syr neroztopia a nebudú krémové. Rád korením. Ihneď podávajte.

špenátové rizoto

rizoto so špenátom

Vyrába 6 porcií

Ak máte čerstvú bazalku, pridajte ju namiesto petržlenovej vňate. Namiesto špenátu možno použiť aj inú zeleninu, ako je mangold alebo escarole.

5 šálok<u>Kuracia polievka</u>

1 libra čerstvého špenátu, umytého a odstopkovaného

1/4 šálky vody

Soľ

4 lyžice nesoleného masla

1 stredná cibuľa, jemne nakrájaná

2 šálky (asi 1 libra) stredne zrnitej ryže, ako je Arborio, Carnaroli alebo Vialone Nano

čerstvo mleté čierne korenie

1/4 šálky nasekanej čerstvej plochej petržlenovej vňate

1/2 šálky čerstvo nastrúhaného Parmigiano-Reggiano

1. V prípade potreby pripravte vývar. Priveďte vývar do varu na strednom ohni, potom oheň znížte tak, aby udržal vývar teplý. Vo veľkom hrnci zmiešajte špenát, vodu a soľ podľa chuti. Prikryjeme a privedieme do varu. Varíme, kým špenát nezmäkne, asi 3 minúty. Špenát scedíme a zľahka vytlačíme, aby vytiahol šťavu. Špenát nakrájame nadrobno.

2. V širokom hrnci zohrejte 3 polievkové lyžice masla na strednom ohni. Keď sa maslo rozpustí, pridáme cibuľu a za častého miešania opekáme do zlatista, cca. 10 minút

3. Pridajte ryžu k cibuli a varte za miešania drevenou vareškou, kým nebude horúca, cca. 2 minúty. Pridajte 1/2 šálky horúceho vývaru a miešajte, kým sa tekutina nevstrebe. Pokračujte v pridávaní vývaru 1/2 šálky naraz a po každom pridaní miešajte. Teplotu upravte tak, aby sa tekutina rýchlo dusila, ale ryža sa neprilepila na panvicu. V polovici varenia pridáme špenát a podľa chuti soľ a korenie.

4. Použite len toľko vývaru, koľko potrebujete, kým ryža nie je mäkká, ale pevná na skus a rizoto krémové. Keď si myslíte, že by to mohlo byť hotové, skúste fazuľu. Ak nie je pripravený, skúste to znova o minútu. Ak vám dôjde vývar skôr, ako ryža zmäkne, použite horúcu vodu. Čas varenia bude 18 až 20 minút.

5. Odstavte panvicu na rizoto z ohňa. Pridáme zvyšok masla a syr. Ihneď podávajte.

Zlaté tekvicové rizoto

Rizoto so Zucca d'Oro

Pripraví 4 až 6 porcií

Na talianskych zeleninových trhoch si kuchári môžu kúpiť veľké kusy zimnej tekvice na použitie v rizote. Oriešková tekvica má bližšie k sladkej chuti a maslovej textúre talianskych odrôd. Toto rizoto je špecialitou Mantovy v Lombardii.

5 šálok<u>Kuracia polievka</u>

4 lyžice nesoleného masla

1/4 šálky jemne nakrájanej šalotky alebo cibule

2 šálky ošúpanej a nakrájanej tekvice (asi 1 libra)

2 šálky strednezrnnej ryže, ako je Arborio, Carnaroli alebo Vialone Nano

1/2 šálky suchého bieleho vína

Soľ a čerstvo mleté čierne korenie

1/2 šálky čerstvo nastrúhaného Parmigiano-Reggiano

1. V prípade potreby pripravte vývar. Priveďte vývar do varu na strednom ohni, potom oheň znížte tak, aby udržal vývar teplý. V širokom hrnci rozpustite na strednom ohni tri polievkové lyžice masla. Pridajte šalotku a varte za častého miešania do zlatista, asi 5 minút.

2. Pridajte tekvicu a 1/2 šálky vývaru. Varíme, kým sa vývar neodparí.

3. Pridajte ryžu a varte za miešania drevenou vareškou, kým nebude horúca, cca. 2 minúty. Pridávajte víno, kým sa neodparí.

4. Pridajte 1/2 šálky horúceho vývaru a miešajte, kým sa tekutina nevstrebe. Pokračujte v pridávaní vývaru 1/2 šálky naraz a po každom pridaní miešajte. Teplotu upravte tak, aby sa tekutina rýchlo dusila, ale ryža sa neprilepila na panvicu. V polovici varenia pridajte soľ a korenie podľa chuti.

5. Použite len toľko vývaru, koľko potrebujete, kým ryža nie je mäkká, ale pevná na skus a rizoto krémové. Keď si myslíte, že by to mohlo byť hotové, skúste fazuľu. Ak nie je pripravený, skúste to znova o minútu. Ak vám dôjde vývar skôr, ako ryža zmäkne, použite horúcu vodu. Čas varenia bude 18 až 20 minút.

6.Odstavte panvicu na rizoto z ohňa. Pridáme zvyšok masla a syr. Ihneď podávajte.

Benátske rizoto s hráškom

Risi a Bisi

Vyrába 6 porcií

V Benátkach sa toto rizoto konzumuje na oslavu príchodu jari a prvej čerstvej zeleniny sezóny. Benátčania uprednostňujú svoje rizoto pomerne vývarové, takže ak chcete autentickosť, pridajte do hotového rizota ďalšiu lyžicu vývaru alebo vody.

6 šálokKuracia polievka

1 stredne žltá cibuľa, nakrájaná nadrobno

4 polievkové lyžice olivového oleja

2 šálky strednezrnnej ryže, ako je Arborio, Carnaroli alebo Vialone Nano

Soľ a čerstvo mleté čierne korenie

2 šálky lúpaného detského hrášku alebo mrazeného hrášku, čiastočne rozmrazeného

2 polievkové lyžice jemne nasekanej plochej petržlenovej vňate

1/2 šálky čerstvo nastrúhaného Parmigiano-Reggiano

2 lyžice nesoleného masla

1. V prípade potreby pripravte vývar. Priveďte vývar do varu na strednom ohni, potom oheň znížte tak, aby udržal vývar teplý. Nalejte olej do širokého, ťažkého hrnca. Pridajte cibuľu a varte na strednom ohni, kým cibuľa nie je mäkká a zlatá, asi 10 minút.

2. Pridajte ryžu a varte za miešania drevenou vareškou, kým sa nezohreje, cca. 2 minúty. Pridajte asi 1/2 šálky horúceho vývaru a miešajte, kým sa nevstrebe. Pokračujte v pridávaní vývaru 1/2 šálky naraz a po každom pridaní miešajte. Teplotu upravte tak, aby sa tekutina rýchlo dusila, ale ryža sa neprilepila na panvicu. V polovici varenia pridajte soľ a korenie podľa chuti.

3. Pridajte hrášok a petržlenovú vňať. Pokračujte v pridávaní tekutiny a miešajte. Ryža by mala byť jemná, ale pevná, keď sa do nej zahryznete, a rizoto by malo mať sypkú, trochu hustú konzistenciu. Ak vám dôjde vývar, použite horúcu vodu. Čas varenia bude 18 až 20 minút.

4. Keď je ryža mäkká, ale stále pevná, odstavte hrniec z ohňa. Pridajte syr a maslo a dobre premiešajte. Ihneď podávajte.

jarné rizoto

Jarné rizoto

Pripraví 4 až 6 porcií

Malé kúsky farebnej zeleniny zdobia toto svetlé a voňavé rizoto. Zelenina sa pridáva postupne, aby sa neprevarila.

6 šálok zeleninového vývaru alebo vody

3 lyžice nesoleného masla

1 lyžica olivového oleja

1 stredná cibuľa, jemne nakrájaná

1 malá mrkva, nakrájaná

1 malé detské zelerové rebro nasekané

2 šálky strednezrnnej ryže, ako je Arborio, Carnaroli alebo Vialone Nano

1/2 šálky mrazeného alebo čerstvého hrášku

1 šálka nakrájaných húb, akéhokoľvek druhu

6 špargle, orezané a nakrájané na 1/2-palcové kúsky

Soľ a čerstvo mleté čierne korenie

1 veľká paradajka zbavená jadierok a nakrájaná na kocky

2 polievkové lyžice jemne nasekanej čerstvej plochej petržlenovej vňate

1/2 šálky čerstvo nastrúhaného Parmigiano-Reggiano

1. V prípade potreby pripravte vývar. Priveďte vývar do varu na strednom ohni, potom oheň znížte tak, aby udržal vývar teplý. Zmiešajte 2 lyžice masla a oleja na strednom ohni v širokom hrnci. Keď sa maslo roztopí, pridajte cibuľu a smažte do zlatista, asi 10 minút.

2. Pridajte mrkvu a zeler a varte 2 minúty. Pridajte ryžu, kým nebude dobre obalená.

3. Pridajte 1/2 šálky vývaru a za stáleho miešania drevenou vareškou priveďte do varu, kým sa tekutina nevsiakne. Pokračujte v pridávaní vývaru 1/2 šálky naraz, miešajte po každom pridaní po dobu 10 minút. Teplotu upravte tak, aby sa tekutina rýchlo dusila, ale ryža sa neprilepila na panvicu.

4. Pridajte hrášok, huby a polovicu špargle. Pridajte soľ a korenie podľa chuti. Pokračujte v pridávaní vývaru a miešaní ďalších 10 minút. Pridajte zvyšok špargle a paradajky. Pridajte vývar a miešajte, kým ryža nie je pevná, ale stále jemná a rizoto krémové. Keď si myslíte, že by to mohlo byť hotové, skúste fazuľu. Ak nie je pripravený, skúste to znova o minútu.

5. Odstavte panvicu na rizoto z ohňa. Rád korením. Pridajte petržlenovú vňať a zvyšok masla. Pridajte syr. Ihneď podávajte.

Rizoto s paradajkami a fontinou

Rizoto s Pomodori a Fontina

Vyrába 6 porcií

Pravá Fontina Valle d'Aosta má výraznú chuť, ktorá je orechová, ovocná a zemitá, na rozdiel od fontiny vyrobenej inde. Toto rizoto zo severozápadu Talianska sa oplatí vyhľadať. K tomuto jedlu by sa hodilo kvetinové biele víno ako Arneis z neďalekého regiónu Piemont.

5 šálok<u>Kuracia polievka</u>

3 lyžice nesoleného masla

1 stredná cibuľa, jemne nakrájaná

1 šálka ošúpaných paradajok zbavených semienok a nasekaných paradajok

2 šálky strednezrnnej ryže, ako je Arborio, Carnaroli alebo Vialone Nano

1/2 šálky suchého bieleho vína

Soľ a čerstvo mleté čierne korenie

4 unce Fontina Valle d'Aosta, strúhaná

1/2 šálky čerstvo nastrúhaného Parmigiano-Reggiano

1. V prípade potreby pripravte vývar. Priveďte vývar do varu na strednom ohni, potom oheň znížte tak, aby udržal vývar teplý. Maslo rozpustite v širokom a ťažkom hrnci na strednom ohni. Pridajte cibuľu a za občasného miešania varte, kým cibuľa nezmäkne a nezozlatne, asi 10 minút.

2. Pridajte paradajky. Varte, kým sa väčšina tekutiny neodparí, asi 10 minút.

3. Pridajte ryžu a varte za miešania drevenou vareškou, kým sa nezohreje, cca. 2 minúty. Ryžu zalejeme vínom a 1/2 šálky vývaru. Varte a miešajte, kým sa väčšina tekutiny nevstrebe.

4. Pokračujte v pridávaní vývaru asi 1/2 šálky naraz a po každom pridaní miešajte. Teplotu upravte tak, aby sa tekutina rýchlo dusila, ale ryža sa neprilepila na panvicu. Asi v polovici varenia dochutíme soľou a korením.

5. Použite len toľko vývaru, koľko potrebujete, kým ryža nie je mäkká, ale pevná na skus a rizoto krémové. Keď si myslíte, že by to mohlo byť hotové, skúste fazuľu. Ak nie je pripravený, skúste to znova o minútu. Ak vám dôjde vývar skôr, ako ryža zmäkne, použite horúcu vodu. Čas varenia je 18 až 20 minút.

6. Odstavte panvicu na rizoto z ohňa. Pridajte syry. Rád korením. Ihneď podávajte.

Krevetové a zelerové rizoto

Rizoto s Gamberi a Sedano

Vyrába 6 porcií

Mnohé talianske recepty sú ochutené smažením, kombináciou oleja alebo masla, alebo niekedy oboje, a aromatickou zeleninou, ktorá môže zahŕňať, ale nie je obmedzená na cibuľku, zeler, mrkvu, cesnak a niekedy aj bylinky. Slané bravčové mäso alebo pancetta sa niekedy pridáva do praženice pre mäsovú chuť.

Ako väčšina talianskych kuchárov, ktorých poznám, radšej dávam do hrnca všetky ingrediencie na praženicu naraz, potom zvýšim oheň, aby bolo všetko teplé a jemne uvarené, aby som mohol lepšie kontrolovať výsledky. Miešačku často premiešavam, niekedy varím, kým zelenina nezvädne pre jemnú chuť, alebo do zlatista pre hĺbku. Ak namiesto toho najskôr zohrejete olej alebo maslo, tuk sa môže príliš rozpáliť, ak je panvica tenká, teplo je príliš vysoké alebo sa na chvíľu zatúla. Takže keď sa pridajú ďalšie príchute soffritta, hnednú príliš rýchlo a nerovnomerne.

Praženica v tomto recepte Emilia-Romagna sa pripravuje v dvoch krokoch. Začnite len s olivovým olejom a cibuľou, pretože chcem, aby cibuľa ochutila olej a trochu ustúpila do pozadia. Druhou fázou je uvarenie zeleru, petržlenu a cesnaku, aby bol zeler jemne chrumkavý a pustil chuť a vytvoril novú chuťovú vrstvu s petržlenovou vňaťou a cesnakom.

Ak si kúpite krevety s ulitou, ulity si odložte, aby ste si pripravili chutný vývar z kreviet. Ak sa ponáhľate, môžete si kúpiť lúpané krevety a použiť len kurací alebo rybí vývar alebo dokonca vodu.

6 domácich pohárov<u>Kuracia polievka</u>alebo rybí vývar z obchodu

1 libra stredných kreviet

1 malá cibuľa, nakrájaná nadrobno

2 polievkové lyžice olivového oleja

1 šálka zeleru nakrájaného nadrobno

2 strúčiky cesnaku, jemne nasekané

2 lyžice nasekanej čerstvej plochej petržlenovej vňate

2 šálky strednezrnnej ryže, ako je Arborio, Carnaroli alebo Vialone Nano

Soľ a čerstvo mleté čierne korenie podľa chuti

1 lyžica nesoleného masla alebo extra panenského olivového oleja

1. V prípade potreby pripravte vývar. Potom krevety vyberte a škrupiny si ponechajte. Krevety nakrájajte na 1/2-palcové kúsky a rezervujte. Vložte škrupiny do veľkého hrnca s vývarom. Priveďte do varu a varte 10 minút. Vývar precedíme a škrupiny vyhodíme. Vráťte vývar do panvice a udržiavajte veľmi nízky oheň.

2. Cibuľu opražíme na oleji na miernom ohni v širokom a ťažkom hrnci za častého miešania, cca. 5 minút. Pridajte zeler, cesnak a petržlen a varte ďalších 5 minút.

3. Pridajte ryžu k zelenine a dobre premiešajte. Pridajte 1/2 šálky vývaru a varte, miešajte, kým sa tekutina nevstrebe. Pokračujte v pridávaní vývaru 1/2 šálky naraz a po každom pridaní miešajte. Teplotu upravte tak, aby sa tekutina rýchlo dusila, ale ryža sa neprilepila na panvicu.

4. Keď je ryža takmer hotová, pridáme krevety a dochutíme. Použite len toľko vývaru, koľko potrebujete, kým ryža nie je mäkká, ale pevná na zahryznutie a rizoto vlhké a krémové. Keď si myslíte, že by to mohlo byť hotové, skúste fazuľu. Ak

nie je pripravený, skúste to znova o minútu. Ak vám dôjde vývar skôr, ako ryža zmäkne, použite horúcu vodu. Čas varenia je 18 až 20 minút.

5. Rizoto odstavíme z ohňa. Pridajte maslo alebo olej a miešajte, kým sa nespojí. Ihneď podávajte.

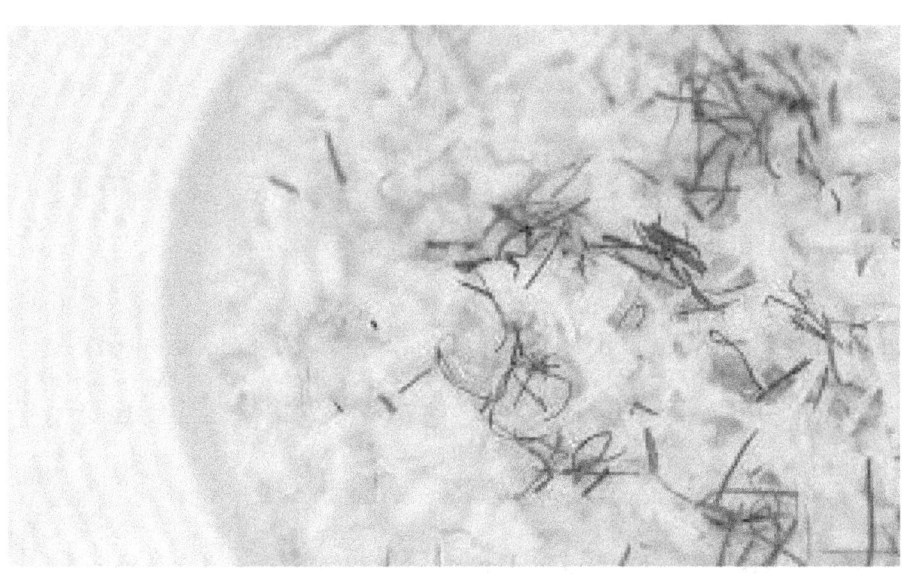

Rizoto s "Ovocie mora"

Rizoto s Frutti di Mare

Pripraví 4 až 6 porcií

Do tohto rizota môžete pridať malé mušle alebo mušle alebo dokonca kúsky pevnej ryby, ako je tuniak. Kuchári v Benátsku, odkiaľ tento recept pochádza, uprednostňujú odrodu ryže Vialone Nano.

6 šálok<u>Kuracia polievka</u>alebo voda

6 lyžíc olivového oleja

2 lyžice nasekanej čerstvej plochej petržlenovej vňate

2 veľké strúčiky cesnaku, jemne nasekané

1/2 libry kalamáry (kalamáry), nakrájané na 1/2-palcové krúžky a chápadlá prerezané na polovicu cez základňu (pozri<u>Čistenie kalamárov (kalamáry)</u>)

1/4 libry kreviet, olúpané a zbavené a nakrájané na 1/2-palcové kúsky

1/4 librové hrebenatky, nakrájané na 1/2-palcové kúsky

Soľ

Štipka mletej červenej papriky

1 stredná cibuľa, jemne nakrájaná

2 šálky strednezrnnej ryže, ako je Arborio, Carnaroli alebo Vialone Nano

1/2 šálky suchého bieleho vína

1 šálka ošúpaných paradajok zbavených semienok a nasekaných paradajok

1. V prípade potreby pripravte vývar. Do širokého a ťažkého hrnca dáme 3 polievkové lyžice oleja s cesnakom a petržlenovou vňaťou. Varte na miernom ohni za občasného miešania, kým cesnak nie je mäkký a zlatý, cca. 2 minúty. Pridajte všetky mäkkýše, soľ podľa chuti a červenú papriku a varte za stáleho miešania, kým kalamáre nebudú matné, cca. 5 minút.

2. Odstráňte mäkkýše na tanier pomocou štrbinovej lyžice. Pridajte kurací vývar do panvice a priveďte do varu. Počas varenia rizota udržiavajte vývar na veľmi nízkej teplote.

3. V širokom a ťažkom hrnci na strednom ohni opečte na zvyšných 3 lyžiciach oleja cibuľu dozlatista, cca. 10 minút.

4. Pridajte ryžu a varte za miešania drevenou vareškou, kým sa nezohreje, cca. 2 minúty. Pridajte víno. Varte, kým sa väčšina tekutiny nevstrebe. Pridajte 1/2 šálky horúceho vývaru a miešajte, kým sa tekutina nevstrebe. Pokračujte v pridávaní vývaru 1/2 šálky naraz a po každom pridaní miešajte. Teplotu upravte tak, aby sa tekutina rýchlo dusila, ale ryža sa neprilepila na panvicu. Asi v polovici varenia pridajte paradajku a soľ podľa chuti.

5. Použite len toľko vývaru, koľko potrebujete, kým ryža nie je mäkká, ale pevná na skus a rizoto krémové. Keď si myslíte, že by to mohlo byť hotové, skúste fazuľu. Ak nie je pripravený, skúste to znova o minútu. Ak vám dôjde vývar skôr, ako ryža zmäkne, použite horúcu vodu. Čas varenia je 18 až 20 minút.

6. Pridajte mäkkýše do hrnca a varte ešte 1 minútu. Odstavte panvicu na rizoto z ohňa. Ihneď podávajte.

Rizoto "More a hory"

Rizoto Maremonti

Vyrába 6 porcií

Keď na jedálnom lístku v Taliansku uvidíte výraz maremonti, môžete si byť istý, že jedlo bude obsahovať mäkkýše a huby, ktoré predstavujú more a hory. V tomto rizote je vzrušujúca kombinácia.

6 šálok zeleninového vývaru alebo vody z obchodu

3 lyžice nesoleného masla

1/4 šálky nadrobno nakrájanej šalotky

10 gramov cremini alebo bielych húb, nakrájaných na tenké plátky

Soľ a čerstvo mleté čierne korenie

2 šálky strednezrnnej ryže, ako je Arborio, Carnaroli alebo Vialone Nano

12 uncí vylúpaných a zbavených kreviet, nakrájaných na 1/2-palcové kúsky

1/2 šálky čerstvo nastrúhaného Parmigiano-Reggiano

1. Priveďte vývar do varu vo veľkom hrnci na strednom ohni a potom znížte oheň, aby bol vývar teplý. Rozpustite 2 polievkové lyžice masla na strednom ohni v širokom hrnci. Pridajte šalotku a huby. Varíme za častého miešania, kým sa šťava neodparí a huby nezačnú hnednúť, cca. 10 minút. Pridajte soľ a korenie podľa chuti.

2. Pridajte ryžu a varte za miešania drevenou vareškou, kým nebude horúca, cca. 2 minúty. Pridajte 1/2 šálky horúceho vývaru a miešajte, kým sa tekutina nevstrebe. Pokračujte v pridávaní vývaru 1/2 šálky naraz a po každom pridaní miešajte. Teplotu upravte tak, aby sa tekutina rýchlo dusila, ale ryža sa neprilepila na panvicu. Asi v polovici varenia pridajte krevety a podľa chuti soľ a korenie.

3. Použite len toľko vývaru, koľko potrebujete, kým ryža nie je mäkká, ale pevná na skus a rizoto krémové. Keď si myslíte, že by to mohlo byť hotové, skúste fazuľu. Ak nie je pripravený, skúste to znova o minútu. Ak vám dôjde vývar skôr, ako ryža zmäkne, použite horúcu vodu. Čas varenia je 18 až 20 minút.

4. Odstavte panvicu na rizoto z ohňa. Pridajte zvyšnú 1 polievkovú lyžicu masla. Pridajte syr a ihneď podávajte.

čierne rizoto

Rizoto alle Seppie

Pripraví 4 až 6 porcií

V Benátkach kalamáre (kalamáre) alebo atrament z kalamárov tradične dodávajú tomuto rizotu čierny odtieň podobný kaviáru. Väčšina mäkkýšov v USA má pred nákupom odstránený atramentový vak, ale atrament z chobotnice si môžete kúpiť v malých plastových vrecúškach vo väčšine obchodov s morskými plodmi. Kalamáre a atrament sú také chutné, že toto rizoto robím s vodou namiesto vývaru, takže nič nenarušuje jeho slanosť.

6 šálok vody

4 polievkové lyžice olivového oleja

1 stredná cibuľa, jemne nakrájaná

1 strúčik cesnaku, jemne nasekaný

12 uncí kalamárov (calamari), nakrájaných na 1/2-palcové krúžky a chápadlá prerezané na polovicu cez základňu (pozri<u>Čistenie kalamárov (kalamáry)</u>)

Soľ a čerstvo mleté čierne korenie

1 šálka suchého bieleho vína

2 šálky strednezrnnej ryže, ako je Arborio, Carnaroli alebo Vialone Nano

1 až 2 čajové lyžičky chobotnice alebo kalamárového atramentu (voliteľné)

1 až 2 polievkové lyžice extra panenského olivového oleja

1. V strednom hrnci priveďte vodu do varu na strednom ohni a potom znížte oheň, aby bola voda horúca.

2. Nalejte 4 polievkové lyžice oleja do širokého, ťažkého hrnca. Pridajte cibuľu a na miernom ohni za častého miešania opečte, kým nebude mäkká a zlatá, cca. 10 minút. Pridajte kalamáre a soľ a korenie podľa chuti. Panvicu prikryte a varte 10 minút. Pridajte víno a varte ešte 1 minútu.

3. Pridajte ryžu a varte za miešania drevenou vareškou, kým nebude horúca, cca. 2 minúty. Pridajte 1/2 šálky horúcej vody a miešajte, kým sa tekutina nevstrebe. Pokračujte v pridávaní vody po 1/2 šálky naraz a po každom pridaní miešajte.

Teplotu upravte tak, aby sa tekutina rýchlo dusila, ale ryža sa neprilepila na panvicu. V polovici varenia pridajte atrament z kalamára, ak ho používate, a podľa chuti osoľte.

4. Použite len toľko vody, koľko potrebujete, kým ryža nie je mäkká, ale pevná na zahryznutie a rizoto krémové. Keď si myslíte, že by to mohlo byť hotové, skúste fazuľu. Ak nie je pripravený, skúste to znova o minútu. Čas varenia je 18 až 20 minút.

5. Odstavte panvicu na rizoto z ohňa. Pridajte olej, kým sa nespojí. Ihneď podávajte.

Chrumkavé rizoto palacinky

Skákacie rizoto

Pripraví 2 až 4 porcie

Táto zlatá rizoto palacinka je zvonka chrumkavá a zvnútra krémová. V Miláne sa palacinka nazýva risotto al salto, čo znamená „skákajúce rizoto", pretože sa varí na rozpálenom masle, vďaka čomu vyskočí z panvice. Hoci milanesas zvyčajne pripravujú palacinku so zvyškami</u>Šafranové rizoto na miliansky spôsob</u>Používam všetky druhy rizota a niekedy ho robím od nuly práve na tento účel.

Palacinku môžete podávať na mnoho spôsobov: obyčajnú, s paradajkovou omáčkou a posypanú syrom alebo ako základ na rajnicu. Môžete ho nasekať ako prílohu k šalátu alebo podávať ako predjedlo. Môžete tiež pripraviť malé strieborné palacinky vo veľkosti dolára pre jednotlivé predjedlá alebo občerstvenie.

2 šálky studeného zvyšného rizota

1 veľké vajce, rozšľahané

2 lyžice nesoleného masla

1. V strednej miske zmiešajte rizoto a vajíčko, kým sa dobre nespoja.

2. V stredne nepriľnavej panvici na strednom ohni roztopte 1 lyžicu masla. Pridajte rizoto a zarovnajte ho lyžičkou. Smažte do chrumkava a dozlatista na dne, asi 5 minút.

3. Vyklopte palacinku na tanier. Roztopte zvyšok masla a palacinku vtlačte späť do panvice. Zadnou stranou lyžice ho dobre vyrovnajte. Varte do zlatohneda, ďalších 4 až 5 minút.

4. Posuňte palacinku na tanier. Nakrájajte na kocky a podávajte teplé.

Plnený ryžový tymbal

Sartu di Riso

Vyrobí 8 až 10 porcií

Ryža nie je bežnou ingredienciou v neapolskej kuchyni, no toto jedlo patrí ku klasike tejto oblasti. Predpokladá sa, že má svoje korene v aristokratických kuchyniach, ktoré prevádzkovali kuchári vyškolení vo Francúzsku, keď bol Neapol hlavným mestom Kráľovstva dvoch Sicílií.

Dnes sa vyrába na špeciálne príležitosti a dokonca som jedol aj moderné verzie robené na panviciach individuálnej veľkosti.

Toto je druh veľkolepého jedla, ktoré by bolo ideálne na párty. Z obrieho ryžového koláča pri krájaní vypadávajú malé halušky a iné ingrediencie na plnku. Nie je to ťažké, ale zahŕňa niekoľko krokov. Omáčku a náplň môžete pripraviť až 3 dni pred zostavením misky.

Dip

1 unca sušených hríbov

2 šálky vlažnej vody

1 stredná cibuľa, nakrájaná

2 polievkové lyžice olivového oleja

1 (28 uncí) plechovka dovezených talianskych lúpaných paradajok, ktoré prešli cez potravinársky mlyn

Soľ a čerstvo mleté čierne korenie

fašírky a klobásy

2 až 3 plátky talianskeho chleba, nakrájané na kúsky (asi 1/2 šálky)

1/4 šálky mlieka

8 gramov mletého hovädzieho mäsa

1/4 šálky čerstvo nastrúhaného Parmigiano-Reggiano

1 strúčik cesnaku, jemne nasekaný

2 lyžice nasekanej čerstvej petržlenovej vňate a ďalšie na ozdobu

1 veľké vajce

Soľ a čerstvo mleté čierne korenie

2 polievkové lyžice olivového oleja

2 sladké talianske klobásy

zhromaždenie

8 gramov čerstvej mozzarelly, nakrájanej

1 šálka čerstvého alebo mrazeného hrášku

2 šálky strednezrnnej ryže, ako je Arborio, Carnaroli alebo Vialone Nano

Soľ

1 šálka čerstvo nastrúhaného Parmigiano-Reggiano

čerstvo mleté čierne korenie

2 lyžice nesoleného masla

6 lyžíc bežnej suchej strúhanky

Nasekaná čerstvá plochá petržlenová vňať na ozdobu

1. Pripravte omáčku: Namočte huby v strednej miske do vody na 30 minút. Odstráňte huby z namáčacej kvapaliny. Kvapalinu

preceďte cez papierový kávový filter alebo navlhčenú gázu do čistej misky a odložte. Opláchnite hubu pod tečúcou vodou, pričom osobitnú pozornosť venujte základni, kde sa hromadí zem. Huby nakrájame nadrobno.

2. Vložte cibuľu a olej do širokého, ťažkého hrnca na strednom ohni. Varte za občasného miešania, kým cibuľa nezmäkne a nezozlatne, asi 10 minút. Pridajte nakrájané huby. Pridajte paradajky a odloženú hubovú tekutinu. Okoreníme soľou a korením. Necháme dusiť. Varte na miernom ohni za občasného miešania do zhustnutia, asi 30 minút.

3. Pripravte fašírky: Chlieb namočte na 5 minút do mlieka v stredne veľkej miske, potom sceďte. V tej istej miske kombinujte chlieb, hovädzie mäso, syr, cesnak, petržlenovú vňať, vajcia a osoľte podľa chuti. Dobre premiešajte. Zo zmesi vytvarujte 1-palcové guľôčky.

4. Vo veľkej panvici zohrejte olej na strednom ohni. Pridajte mäsové guľky a opečte ich otáčaním kliešťami zo všetkých strán dozlatista. Mäsové guľky premiestnite dierovanou lyžicou na tanier. Odstráňte olej a panvicu opatrne utrite papierovými utierkami.

5. V tej istej panvici skombinujte párky a dostatok vody, aby ste ich zakryli do polovice. Prikryjeme a varíme na miernom ohni, kým sa voda neodparí a klobásy nezačnú hnednúť. Odkryte a varte párky za občasného otáčania, kým sa neuvaria, cca. 10 minút. Klobásky nakrájame na plátky.

6. V strednej miske jemne premiešajte mäsové guľky, plátky klobásy, mozzarellu a hrášok s 2 šálkami paradajkovo-šampiňónovej omáčky a odložte.

7. Zmiešajte zvyšnú omáčku vo veľkom hrnci so 4 šálkami vody. Zmes priveďte do varu. Pridajte ryžu a 1 lyžičku soli. Tekutinu znova priveďte do varu a raz alebo dvakrát premiešajte. Prikryjeme a dusíme, kým ryža nezmäkne, asi 15 minút.

8. Odstráňte hrniec z ohňa. Ryžu necháme trochu vychladnúť. Pridajte parmezán. Okoreníme soľou a korením.

9. Vnútro hlbokého 2 1/2-litrového kastróla alebo pekáča vymastíme. Posypeme 4 lyžicami strúhanky. Asi dve tretiny ryže nasypte do pripravenej zapekacej misy, pritlačte ju na dno a boky, aby ste vytvorili ryžovú škrupinu. Do stredu nalejeme fašírkovo-klobásovú zmes. Prikryjeme zvyškom ryže a rovnomerne rozložíme. Vrch posypeme zvyšnou

mrveničkou. (Ak nepripravujete ihneď, zakryte a vychladzujte nádobu.)

10. Asi 2 hodiny pred podávaním umiestnite do stredu rúry mriežku. Predhrejte rúru na 350 ° F. Timbale pečieme 1 1/2 hodiny alebo kým povrch jemne nezhnedne a zmes nie je v strede teplá. (Presný čas varenia závisí od veľkosti a tvaru hrnca. Na kontrolu teploty v strede použite teplomer s okamžitým odčítaním. Mala by byť aspoň 140 °F.)

jedenásťPripravte si chladiaci stojan. Timpany necháme 10 minút vychladnúť na mriežke. Kovovým nožom alebo špachtľou prejdite po vnútornom okraji zapekacej misy. Nad hrniec položte veľký tanier. Činel (s kuchynskou utierkou) držte pevne pri čineli, otáčajte oboma, aby ste preniesli zvuk na činel. Posypeme petržlenovou vňaťou. Na servírovanie nakrájajte na kocky. Podávajte teplé.

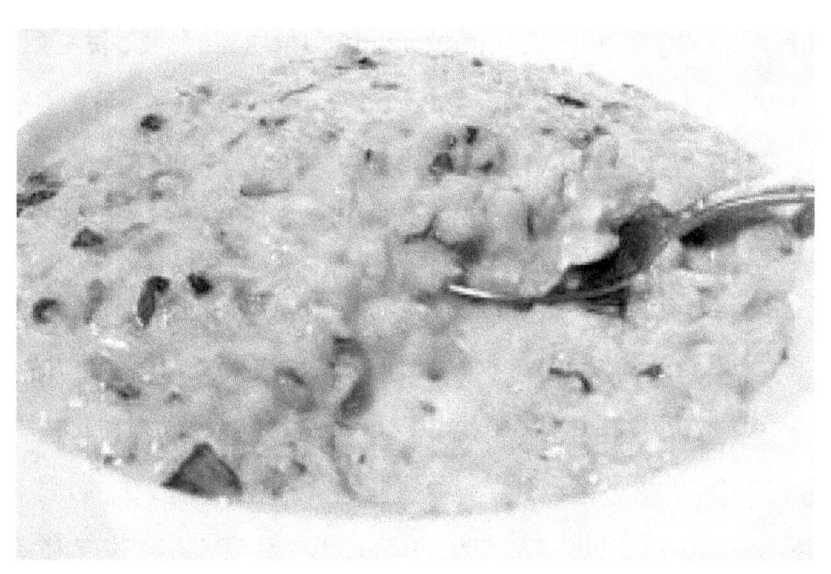

Ryža a fazuľa, benátsky štýl

Riso a Fagioli alla Veneta

Vyrába 4 porcie

V lete sa ryža a fazuľa podávajú teplé, nie horúce. V regióne Veneto sú obľúbenou odrodou brusnicové bôby, v taliančine známe ako borlotti. Surové brusnicové bôby sú ružovej farby s krémovými znakmi. Po uvarení získajú ružovo-béžovú farbu. Sú veľmi podobné fazuľkám pinto, ktoré je možné podľa potreby nahradiť.

asi 2 domáce poháre<u>Mäsový vývar</u>alebo hovädzí vývar z obchodu

3 polievkové lyžice oleja

1 malá cibuľa, nakrájaná nadrobno

1 stredná mrkva, jemne nakrájaná

1 stredné zelerové rebro, nakrájané nadrobno

1/2 šálky nadrobno nakrájanej slaniny

2 šálky varených sušených brusníc alebo pinto fazule, alebo 1 (16-uncová) plechovka fazule s tekutinou

1 šálka strednezrnnej ryže, ako je Arborio, Carnaroli alebo Vialone Nano

Soľ a čerstvo mleté čierne korenie

1. V prípade potreby pripravte vývar. Potom zohrejte olej s cibuľou, mrkvou, zelerom a slaninou v širokej panvici na strednom ohni. Varte za občasného miešania, kým zelenina nie je zlatohnedá, asi 20 minút.

2. Pridajte fazuľu a 1 šálku studenej vody. Priveďte do varu a varte 20 minút.

3. Asi tretinu fazuľovej zmesi odložíme. Zvyšok rozmixujte v kuchynskom robote alebo mlynčeku na pyré do hladka. Nalejte fazuľové pyré a 1 šálku vývaru do veľkého širokého hrnca. Necháme zovrieť na strednom ohni. Varte za občasného miešania 5 minút.

4. Pridajte ryžu do panvice a osoľte podľa chuti. Varte 20 minút za častého miešania, aby sa fazuľa neprilepila na dno panvice. Po troškách pridávajte trochu vývaru, kým ryža nie je mäkká,

ale stále pevná. Pridajte odloženú fazuľovú zmes a vypnite oheň.

5.Nechajte stáť 5 minút. Podávajte teplé.

Sardínska klobása s ryžou

Riso a la Sarda

Vyrába 6 porcií

Toto tradičné sardínske jedlo z ryže, skôr ako pilaf než rizoto, nevyžaduje veľké miešanie.

asi 3 šálky<u>Mäsový vývar</u>

1 stredná cibuľa, nakrájaná

2 lyžice nasekanej čerstvej plochej petržlenovej vňate

2 polievkové lyžice olivového oleja

12 gramov bežnej talianskej bravčovej klobásy, bez vnútorností

1 šálka ošúpaných paradajok zbavených semienok a nasekaných paradajok

Soľ a čerstvo mleté čierne korenie

1 1/2 šálky strednozrnnej ryže, ako je Arborio, Carnaroli alebo Vialone Nano

½ šálky čerstvo nastrúhaného Pecorino Romano alebo Parmigiano-Reggiano

1. V prípade potreby pripravte vývar. Potom opečte cibuľu a petržlenovú vňať na oleji, kým cibuľa nezmäkne, asi 5 minút v širokom hrnci na strednom ohni. Pridáme mäso z klobásy a za častého miešania varíme, kým klobása jemne nezhnedne, asi 15 minút.

2. Pridajte paradajky a soľ a korenie podľa chuti. Pridajte vývar a priveďte do varu. Pridajte ryžu. Prikryjeme a varíme 10 minút. Skontrolujte, či zmes nie je príliš suchá. V prípade potreby pridajte viac vývaru alebo vody. Prikryte a varte ďalších 8 minút, alebo kým ryža nezmäkne.

3. Odstráňte hrniec z ohňa. Pridajte syr. Ihneď podávajte.

Polenta

Vyrába 4 porcie

Tradičným spôsobom prípravy polenty je pomalé prelievanie sušenej kukuričnej krupice tenkým prúdom cez prsty jednej ruky do hrnca s vriacou vodou za stáleho miešania druhou rukou. Aby ste to dosiahli správne, potrebujete veľa trpezlivosti; ak pôjdete príliš rýchlo, kukuričná múka sa zhlukne. Medzitým vás páli ruka od držania nad vriacou tekutinou.

Na prípravu polenty preferujem nasledujúci spôsob, pretože je rýchly a spoľahlivý. Najlepšie zo všetkého je, že som túto metódu vyskúšal spolu s tradičnou metódou a nemôžem zistiť žiadny rozdiel v konečnom výsledku. Pretože sa kukuričná múka najskôr zmieša so studenou vodou, netvoria hrudky, čo sa môže ľahko stať, ak sa suchá múka nasype priamo do horúcej vody.

Uistite sa, že používate hrniec s hrubým dnom, inak sa polenta môže pripáliť. Hrniec môžete tiež umiestniť do Flametameru, kovového disku, ktorý je umiestnený nad horákom na varnej doske, čím získate dodatočnú izoláciu v hrnci pre riadenie tepla. (Hľadajte ho v kuchynských predajniach).

Základnú polentu môžete obmieňať varením s vývarom alebo použitím mlieka namiesto trochy vody. Ak chcete, na konci varenia pridajte trochu strúhaného syra.

4 šálky studenej vody

1 šálka nahrubo pomletej žltej kukuričnej krupice, najlepšie kamennej

2 lyžičky soli

2 lyžice nesoleného masla

1. V ťažkom 2-litrovom hrnci priveďte 3 šálky vody do varu.

2. Medzitým v malej miske vyšľaháme kukuričnú múčku, soľ a zvyšnú šálku vody.

3. Zmes nalejte do vriacej vody a za stáleho miešania varte, kým zmes nepríde do varu. Znížte teplotu na minimum, prikryte a varte za občasného miešania, kým nie je polenta hustá a krémová, cca. 30 minút. Ak je polenta príliš hustá, pridajte ešte trochu vody.

4. Pridajte maslo. Ihneď podávajte.

polenta so smotanou

Polenta alla Panna

Vyrába 4 porcie

V chladný zimný deň v Miláne som sa zastavil na obed v rušnej trattorii. Jedálny lístok bol obmedzený, ale toto jednoduché a upokojujúce jedlo bolo špecialitou dňa. Ak máte čerstvú čiernu alebo bielu hľuzovku, oškrabte ju cez mascarpone a odstráňte syr.

Ak chcete zohriať servírovaciu misku alebo tanier, vložte ich na niekoľko minút do teplej (nie horúcej!) rúry alebo na ne pustite horúcu vodu v dreze. Pred pridaním jedla osušte misku alebo tanier.

1 recept (asi 5 šálok) uvarený za horúca<u>Polenta</u>

1 šálka mascarpone alebo hustej smotany

Porcia Parmigiano-Reggiano

1. V prípade potreby pripravte polentu. Potom nalejte horúcu uvarenú polentu na teplý servírovací tanier.

2. Na vrch nalejeme mascarpone alebo polejeme smotanou. Parmigiano navrchu ohoľte škrabkou na zeleninu s rotačnými čepeľami. Ihneď podávajte.

polenta s ragú

Polenta s ragú

Vyrába 4 porcie

Mnohé rodiny v severnom Taliansku mali svojho času špeciálny medený hrniec zvaný paiolo, v ktorom si varili polentu, a okrúhly stôl, na ktorom ju podávali. Toto je vynikajúce pohodlné jedlo a celkom jednoduché, ak ste ragú a polentu pripravili vopred.

1 recept (asi 3 šálky) bolonské ragu

1 recept (asi 5 šálok) uvarený za horúca Polenta

1/2 šálky čerstvo nastrúhaného Parmigiano-Reggiano

1. V prípade potreby pripravte ragú a polentu.

2. Polentu vysypeme na rozpálený tanier. Do polenty urobte plytký zárez. Nalejte omáčku. Posypte syrom a ihneď podávajte.

Polenta Crostini, Tri spôsoby

Plátky chrumkavej polenty možno použiť na prípravu namiesto chleba<u>crostini</u>). Podávajte ich s chutným dresingom (pozri návrhy nižšie) ako predjedlo, ako prílohu k rajnici alebo ako základ pre grilovanú či pečenú hydinu.

1 recept (asi 5 šálok) uvarený za horúca<u>Polenta</u>

1. Pripravte si polentu. Hneď ako je polenta uvarená, rozložte ju gumenou stierkou na hrúbku asi 1/2 palca na veľký plech. Pred použitím prikryte a nechajte stuhnúť v chladničke, najmenej 1 hodinu až 3 dni.

2. Keď ste pripravení na varenie, nakrájajte polentu na štvorce alebo iný tvar pomocou noža, sušienok alebo vykrajovača na sušienky. Kúsky môžu byť pečené, vyprážané na panvici, grilované alebo vyprážané na panvici.

Pečená polenta crostini: Predhrejte rúru na 400 °F. Vymastite plech na pečenie a plátky polenty položte na plech asi 1/2 palca od seba. Vrchy potrieme olejom. Pečte 30 minút alebo do chrumkava a jemne zlatistej farby.

Grilovaná alebo vyprážaná polenta crostini: Umiestnite gril alebo rošt na grilovanie asi 4 palce od zdroja tepla. Predhrejte gril alebo gril. Plátky polenty potrieme z oboch strán olivovým olejom. Položte kúsky na drôtený stojan. Grilujte alebo smažte, raz otočte, kým nie sú chrumkavé a zlatohnedé, cca. 5 minút. Kúsky otočte a grilujte z druhej strany ešte asi 5 minút.

Vyprážané polentové crostini: Veľmi zľahka natrite tenkú vrstvu kukuričného alebo olivového oleja na nepriľnavú panvicu. Zahrejte panvicu na strednom ohni. Kúsky polenty osušíme. Varte do zlatohneda, asi 5 minút. Otočte kúsky a opečte do zlatista na druhej strane, asi ďalších 5 minút.

polentové sendviče

polenta panini

Vyrába 8 porcií

Tieto malé občerstvenie môžete podávať ako predjedlo alebo ako prílohu. Pre trochu vkusu nakrájajte polentu vykrajovačmi na sušienky alebo sušienky.

1 recept (asi 5 šálok)<u>Polenta</u>, vyrobené bez masla

4 gramy gorgonzoly, nakrájanej na tenké plátky

2 lyžice rozpusteného nesoleného masla

2 polievkové lyžice Parmigiano Reggiano

1. Pripravte si polentu. Hneď ako je polenta uvarená, rozložte ju gumenou stierkou na hrúbku asi 1/2 palca na veľký plech. Pred použitím prikryte a nechajte stuhnúť v chladničke, najmenej 1 hodinu až 3 dni.

2. Umiestnite stojan do stredu rúry. Predhrejte rúru na 400 °F. Veľký plech na pečenie vymastíme.

3. Polentu nakrájame na 16 štvorcov. Položte polovicu polentových plátkov na plech. Na vrch poukladáme plátky gorgonzoly. Navrch dáme zvyšok polenty a zľahka pritlačíme na sendviče.

4. Vrchy potrieme maslom. Posypeme parmezánom. Pečte 10 až 15 minút alebo kým sa syr neroztopí. Podávajte teplé.

polenta s tromi syrmi

Polenta s tromi syrmi

Vyrába 4 porcie

Valle d'Aosta je región v severozápadnom rohu Talianska. Známe je vysokohorským podnebím a krásnymi lyžiarskymi strediskami, ako aj mliečnymi výrobkami, ako je Fontina Valle d'Aosta, polotvrdý syr z kravského mlieka.

Mlieko dodáva tejto polente bohatosť. Maslo sa prezentuje ako čestný syr.

2 šálky studenej vody

1 šálka nahrubo pomletej žltej kukuričnej krupice, najlepšie kamennej

1 lyžička soli

2 šálky studeného mlieka

1/2 šálky Fontina Valle d'Aosta, nasekané

1/4 šálky čerstvo nastrúhaného Parmigiano-Reggiano

2 lyžice nesoleného masla

1. V ťažkom 2-litrovom hrnci priveďte vodu do varu.

2. V malej miske zmiešajte kukuričnú múku, soľ a mlieko.

3. Do vriacej vody nasypeme kukuričnú zmes a za stáleho miešania varíme, kým zmes nezovrie. Znížte teplotu na minimum, prikryte a varte za občasného miešania asi 30 minút alebo kým nie je polenta hustá a krémová. Ak je polenta príliš hustá, pridajte ešte trochu vody.

4. Odstráňte hrniec z ohňa. Pridajte syry a maslo, kým sa neroztopia. Ihneď podávajte.

Polenta s gorgonzolou a mascarpone

Pripraví 4 až 6 porcií

Nebeský a bohatý, tento recept je z Lombardie, kde sa vyrába gorgonzola a mascarpone.

4 šálky studenej vody

1 šálka nahrubo pomletej žltej kukuričnej krupice, najlepšie kamennej

1/2 lyžičky soli

1/2 šálky mascarpone

1/2 šálky gorgonzoly, rozdrvenej

1. V ťažkom 2-litrovom hrnci priveďte 3 šálky vody do varu.

2. V malej miske rozšľaháme kukuričnú múčku, soľ a zvyšnú šálku vody.

3. Do vriacej vody vsypeme kukuričnú zmes a za stáleho miešania varíme, kým zmes nepríde k varu. Znížte teplotu na minimum, prikryte a varte za občasného miešania asi 30

minút alebo kým nie je polenta hustá a krémová. Ak je polenta príliš hustá, pridajte ešte trochu vody.

4.Odstráňte polentu z tepla. Pridajte mascarpone a polovicu gorgonzoly. Nalejte do servírovacej misy a posypte zvyšným syrom Gorgonzola. Podávajte teplé.

Hubová polenta

polenta s hubami

Vyrába 6 porcií

Pancetta dodáva bohatú chuť, ale vynechajte ju, ak uprednostňujete bezmäsité jedlo. Zvyšky môžeme nakrájať a opražiť na troche olivového oleja alebo masla ako predjedlo alebo na ozdobu.

2 gramy nadrobno nakrájanej slaniny

1 malá cibuľa, nakrájaná nadrobno

2 polievkové lyžice olivového oleja

1 balenie (10 uncí) bielych húb, nakrájaných a nakrájaných na plátky

2 lyžice nasekanej čerstvej plochej petržlenovej vňate

Soľ a čerstvo mleté čierne korenie

4 šálky studenej vody

1 šálka nahrubo pomletej žltej kukuričnej krupice, najlepšie kamennej

1. Zmiešajte pancettu, cibuľu a olej vo veľkej panvici a varte, kým pancetta a cibuľa nie sú mierne hnedé, cca. 10 minút. Pridajte huby a petržlenovú vňať a varte, kým sa hubová tekutina neodparí, ešte asi 10 minút. Okoreníme soľou a korením.

2. V ťažkom 2-litrovom hrnci priveďte 3 šálky vody do varu.

3. V malej miske rozšľaháme kukuričnú krupicu, 1/2 lyžičky soli a zvyšnú šálku studenej vody.

4. Do vriacej vody vsypeme kukuričnú zmes a za stáleho miešania varíme, kým nezovrie. Znížte teplotu na veľmi nízku teplotu, prikryte a varte za občasného miešania, kým nie je polenta hustá a krémová, cca. 30 minút. Ak je polenta príliš hustá, pridajte viac vody.

5. Obsah hrnca vmiešame do hrnca s polentou. Zmes vylejeme na horúci tanier. Ihneď podávajte.

Polenta z pohánky a kukuričnej múky

taragna polenta

Pripraví 4 až 6 porcií

V Lombardii sa táto výdatná polenta vyrába z kombinácie kukuričnej krupice a pohánkovej múky. Pohánka mu dodáva zemitú chuť. Miestny syr známy ako bitto sa na konci varenia mieša. Nikdy som nevidel bitto v USA, ale fontina a Gruyère sú dobré náhrady.

5 šálok studenej vody

4 lyžice nesoleného masla

1 šálka nahrubo pomletej žltej kukuričnej krupice, najlepšie kamennej

1/2 šálky pohánkovej múky

Soľ

4 oz fontina alebo Gruyère

1. V ťažkom 2-litrovom hrnci priveďte do varu 4 šálky vody a 2 polievkové lyžice masla.

2. V strednej miske rozšľaháme kukuričnú krupicu, pohánkovú múku, 1/2 lyžičky soli a zvyšnú šálku vody.

3. Do vriacej vody vmiešame kukuričnú zmes. Znížte teplo na veľmi nízku úroveň. Zakryte a varte za občasného miešania asi 40 minút alebo kým nie je polenta hustá a krémová. Ak je príliš hustá, pridajte podľa potreby ešte trochu vody.

4. Odstráňte polentu z tepla. Pridajte zvyšné 2 lyžice masla a syr. Ihneď podávajte.

Zapečená polenta so syrom

Polenta Cunsa

Vyrába 8 porcií

Zostavte až 24 hodín pred varením, ale v prípade chladenia zdvojnásobte čas varenia. Skúste to aj s Gruyère alebo Asiago.

5 šálok studenej vody

1 šálka nahrubo pomletej žltej kukuričnej krupice, najlepšie kamennej

1 lyžička soli

3 lyžice nesoleného masla

1 stredná cibuľa, nakrájaná

1 šálka čerstvo nastrúhaného Parmigiano-Reggiano

1/2 šálky rozdrobenej gorgonzoly

1/2 šálky strúhanej Fontina Valle d'Aosta

1. V ťažkom 2-litrovom hrnci priveďte do varu 4 šálky vody. V miske zmiešajte kukuričnú múku, soľ a zvyšnú 1 šálku vody.

2. Zmes vlejeme do vriacej vody a za stáleho miešania varíme, kým zmes nezovrie. Znížte teplotu na minimum, prikryte a varte za občasného miešania asi 30 minút alebo kým nie je polenta hustá a krémová. Ak je polenta príliš hustá, pridajte ešte trochu vody.

3. V malej panvici rozpustite 2 polievkové lyžice masla na strednom ohni. Pridajte cibuľu a varte, miešajte, kým cibuľa nie je mäkká a zlatohnedá, asi 10 minút. Do polenty naškrabte cibuľu.

4. Umiestnite stojan do stredu rúry. Predhrejte rúru na 375 ° F. Vymastite pekáč s rozmermi 9 x 3 palce.

5. Do panvice nasypeme asi tretinu polenty. Na polevu si nechajte 1/4 šálky parmezánu. Polentu posypte polovicou každého zo zostávajúcich syrov na panvici. Vytvorte druhú vrstvu s polentou a syrom. Nalejte zvyšok polenty a rovnomerne rozložte.

6. Polentu posypte odloženou 1/4 šálkou parmezánu. Podusíme so zvyškom masla. Pečieme 30 minút alebo kým po okrajoch nezhustne. Pred podávaním nechajte 10 minút postáť.

Zapečená polenta s ragú klobásou

polenta pasticciato

Vyrába 6 porcií

Je to niečo ako lasagne, pričom cestoviny nahrádzajú vrstvy nakrájanej polenty.

Názov polenta pasticciato je zaujímavý. Pochádza z pasticciare, čo znamená niečo zašpiniť, ale pasticciato označuje aj jedlo vyrobené ako cestoviny so syrom a ragú.

1 recept<u>ragú klobása</u>

8 šálok studenej vody

2 šálky nahrubo pomletej žltej kukuričnej krupice, najlepšie kamennej

1 polievková lyžica soli

8 gramov čerstvej mozzarelly

1/2 šálky čerstvo nastrúhaného Parmigiano-Reggiano

1. V prípade potreby pripravte ragu. Vo veľkom hrnci priveďte do varu 6 šálok vody.

2. V strednej miske rozšľaháme kukuričnú múku, soľ a zvyšné 2 šálky vody.

3. Do vriacej vody vsypte kukuričnú zmes za stáleho miešania, kým zmes nepríde k varu. Znížte teplotu na minimum, prikryte a varte za občasného miešania asi 30 minút alebo kým nie je polenta hustá a krémová.

4. Veľký plech na pečenie vymastíme. Nalejte polentu do panvice a rovnomerne ju rozotrite gumenou stierkou, kým nebude hrubá 1/2 palca. Necháme vychladnúť do stuhnutia, cca. 1 hodinu alebo prikryte a nechajte cez noc v chladničke.

5. Umiestnite stojan do stredu rúry. Predhrejte rúru na 400 °F. Vymastíme 9-palcový štvorcový pekáč.

6. Polentu nakrájajte na 9 3-palcových štvorcov. Na dno panvice položte polovicu polenty. Nalejte polovicu omáčky a pridajte polovicu mozzarelly a Parmigiano-Reggiano. Zo zvyšných ingrediencií urobte druhú vrstvu.

7. Pečte 40 minút alebo kým polenta nezhustne a syr sa neroztopí. Pred podávaním nechajte 10 minút postáť.

Polenta "v reťaziach"

Polenta incatenata

Vyrába 6 porcií

Raz sme si s manželom prenajali byt vo vile na okraji mesta Lucca v Toskánsku. Carlotta bola veselá hospodárka, ktorá sa o miesto starala a udržiavala všetko v poriadku. Z času na čas nás prekvapil domácim jedlom. Povedal mi, že táto výdatná polenta, miestna špecialita, je vraj „navlečená" na pásiky strúhanej zeleniny. Podávame ako vegetariánske hlavné jedlo alebo ako prílohu ku grilovanému mäsu. Je tiež veľmi dobré, ak sa nechá vychladnúť do tuha, potom sa nakrája a opečie do zlatista.

2 polievkové lyžice olivového oleja

1 strúčik cesnaku, jemne nasekaný

2 šálky strúhanej kapusty alebo kelu

4 šálky studenej vody

1 šálka nahrubo pomletej žltej kukuričnej krupice, najlepšie kamennej

1 1/2 lyžičky soli

2 šálky varených alebo konzervovaných fazúľ cannellini

Soľ a čerstvo mleté čierne korenie

1/2 šálky čerstvo nastrúhaného Parmigiano-Reggiano

1. Vo veľkom hrnci varte olej a cesnak na miernom ohni, kým cesnak nie je zlatohnedý, asi 2 minúty. Pridajte kapustu, prikryte a varte 10 minút alebo kým kapusta nezmäkne.

2. Pridajte 3 šálky vody a priveďte do varu.

3. V malej miske rozšľaháme kukuričnú múčku, soľ a zvyšnú šálku vody.

4. Nalejte kukuričnú zmes do hrnca. Varíme za častého miešania, kým zmes nezovrie. Znížte teplotu na minimum, prikryte a varte za občasného miešania 20 minút.

5. Pridajte fazuľu. Varte ďalších 10 minút alebo do zhustnutia a krému. Pridajte trochu vody, ak je zmes príliš hustá.

6. Chráňte pred teplom. Pridajte syr a ihneď podávajte.

farro šalát

Farro Hall

Vyrába 6 porcií

V Abruzzo sme mali s manželom pri niekoľkých príležitostiach farro šaláty, vrátane tohto s chrumkavou zeleninou a osviežujúcou mätou.

Soľ

1 1/2 šálky farro

1 šálka nadrobno nakrájanej mrkvy

1 šálka zeleru nakrájaného nadrobno

2 polievkové lyžice jemne nasekanej čerstvej mäty

2 zelené cibule, jemne nakrájané

1/3 šálky olivového oleja

1 polievková lyžica čerstvej citrónovej šťavy

čerstvo mleté čierne korenie

1. Varte 6 šálok vody. Pridajte soľ podľa chuti, potom farro. Znížte teplotu na mierny oheň a varte, kým farro nie je mäkké, ale stále žuvacie, cca. 15 až 30 minút. (Čas varenia sa môže líšiť, kysnutie začnite po 15 minútach.) Dobre sceďte.

2. Vo veľkej miske zmiešajte farro, mrkvu, zeler a mätu. Zmiešajte olivový olej, citrónovú šťavu a korenie v malej miske. Zálievkou zalejeme šalát a dobre premiešame. Ochutnajte a upravte korenie. Podávajte teplé alebo pri izbovej teplote.

Farro, štýl Amatrice

Farro all'Amatriciana

Vyrába 8 porcií

Farro sa často používa do polievok alebo šalátov, ale v tomto recepte z rímskeho vidieka je zrno dusené s klasickou omáčkou Amatriciana, často používanou na cestoviny.

Soľ

2 šálky farro

1/4 šálky olivového oleja

4 gramy nasekanej slaniny

1 stredná cibuľa

1/2 šálky suchého bieleho vína

1 1/2 šálky čerstvých paradajok olúpaných, zbavených semienok a nakrájaných na kocky alebo konzervovaných paradajok, scedených a nakrájaných na kocky

1/2 šálky čerstvo nastrúhaného Pecorino Romano

1. Varte 6 šálok vody. Pridajte soľ podľa chuti, potom farro. Znížte teplotu na mierny oheň a varte, kým farro nie je mäkké, ale stále žuvacie, 15 až 30 minút. (Čas varenia sa môže líšiť, kysnutie začnite po 15 minútach.) Dobre sceďte.

2. Na strednej panvici opečte olej, pancettu a cibuľu na miernom ohni za častého miešania, kým cibuľa nie je zlatohnedá, cca. 10 minút. Pridajte víno a priveďte do varu. Pridajte paradajky a farro. Priveďte do varu a varte, kým farro neabsorbuje časť omáčky, asi 10 minút. V prípade potreby pridajte trochu vody, aby ste zabránili prilepeniu.

3. Chráňte pred teplom. Pridajte syr a dobre premiešajte. Ihneď podávajte.

Farro, paradajky a syr

Obilie, Pomodori a Cacio

Vyrába 6 porcií

Pšeničné bobule, emmer, kamut alebo iné podobné zrná môžu byť pripravené týmto spôsobom, ak nemôžete nájsť farro. Zrnko príliš nesolte, pretože ricottový šalát môže byť slaný. Ak nie je k dispozícii, nahraďte Pecorino Romano. Tento recept pochádza z Apúlie na juhu.

Soľ

1 1/2 šálky farro

2 polievkové lyžice olivového oleja

1 malá cibuľa, nakrájaná nadrobno

8 gramov nakrájaných paradajok

4 gramy ricotta salata, nahrubo nastrúhanej

1. Varte 6 šálok vody. Pridajte soľ podľa chuti, potom farro. Znížte teplotu na mierny oheň a varte, kým farro nezmäkne,

15 až 30 minút. (Čas varenia sa môže líšiť, kysnutie začnite po 15 minútach.) Dobre sceďte.

2. Nalejte olej do stredného hrnca. Pridajte cibuľu a varte za častého miešania, kým cibuľa nie je zlatohnedá, asi 10 minút. Pridajte paradajky a soľ podľa chuti. Varte do mierneho zhustnutia, asi 10 minút.

3. Scedené farro vmiešame do paradajkovej omáčky. Pridajte syr a dobre premiešajte. Podávajte teplé.

Krevetové a jačmenné orzotto

Orzotto z Gamberi

Vyrába 4 porcie

Hoci väčšina ľudí v USA si orzo predstaví ako malé cestoviny v tvare semien, orzo znamená v taliančine „jačmeň". Vo Friuli-Venezia Giulia na severe sa jačmeň pripravuje ako rizoto a hotové jedlo sa nazýva orzotto.

3 šálky<u>Kuracia polievka</u>, zeleninový vývar alebo voda

2 lyžice nesoleného masla

1 lyžica olivového oleja

1 malá cibuľa, nakrájaná nadrobno

1 malá mrkva nakrájaná nadrobno

1/2 šálky zeleru, jemne nakrájaného

1 strúčik cesnaku, jemne nasekaný

6 uncí (2/3 šálky) perličkového jačmeňa, opláchnutý a scedený

Soľ a čerstvo mleté čierne korenie

8 gramov kreviet, olúpaných a zbavených jadier

2 lyžice nasekanej čerstvej plochej petržlenovej vňate

1. V prípade potreby pripravte vývar. V strednom hrnci rozpustite maslo s olejom na strednom ohni. Pridajte cibuľu, mrkvu, zeler a cesnak a opečte dozlatista, cca. 10 minút.

2. Pridajte jačmeň k zelenine v hrnci a dobre premiešajte. Pridajte vývar, 1 lyžičku soli a korenie podľa chuti. Necháme podusiť a znížime oheň. Zakryte a varte za občasného miešania 30 až 40 minút alebo kým jačmeň nezmäkne. Ak zmes vyschne, pridajte trochu vody.

3. Medzitým si nakrájame krevety a spolu s petržlenovou vňaťou ich vmiešame do jačmennej zmesi. Varte, kým krevety nie sú ružové, 2 až 3 minúty. Ochutnajte a upravte korenie. Ihneď podávajte.

Jačmeň a zeleninové orzotto

Zeleninové orzotto

Vyrába 4 porcie

Na toto orzotto sa varia malé kúsky zeleniny s jačmeňom. Podávame ako prílohu alebo prvý chod.

    4 šálky<u>Mäsový vývar</u>buď<u>Kuracia polievka</u>

4 lyžice nesoleného masla

1 malá cibuľa, nakrájaná nadrobno

1 šálka perličkového jačmeňa, opláchnuté a scedené

1/2 šálky mrazeného alebo čerstvého hrášku

1/2 šálky nasekaných húb, akéhokoľvek druhu

1/4 šálky jemne nasekanej červenej papriky

1/4 šálky zeleru, jemne nakrájaného

Soľ a čerstvo mleté čierne korenie

¼ šálky čerstvo nastrúhaného Parmigiano-Reggiano

1. V prípade potreby pripravte vývar. Vo veľkom hrnci rozpustite na strednom ohni 3 lyžice masla. Pridajte cibuľu a varte za častého miešania do zlatohneda, asi 10 minút.

2. Pridajte jačmeň a dobre premiešajte. Pridajte polovicu hrášku, šampiňónov, papriky a zeleru a varte 2 minúty alebo do zmäknutia. Pridajte vývar a priveďte do varu. Prikryjeme a varíme 20 minút.

3. Pridajte zvyšnú zeleninu a soľ a korenie podľa chuti. Varte odkryté ďalších 10 minút alebo kým sa tekutina neodparí a jačmeň nezmäkne. Chráňte pred teplom.

4. Pridajte zvyšnú lyžicu masla a syr. Ihneď podávajte.

šunka a vajcia

Oova al šunka

Pripraví 2 porcie

Kamarát, s ktorým som cestoval do Talianska, držal diétu s vysokým obsahom bielkovín. Urobil si vo zvyku objednať si na raňajky tanier prosciutta. V malom hostinci v toskánskom Montepulciane sa jej domáca pani spýtala, či by si nedala vajíčka s prosciuttom. Môj priateľ súhlasil a očakával, že dostane pár varených vajec. Namiesto toho, o chvíľu neskôr, šéfkuchár vyšiel s jedinou panvicou naplnenou prskajúcou šunkou a miešanými vajíčkami. Vyzeralo a voňalo to tak dobre, že onedlho si všetci v jedálni objednávali to isté, na veľké zdesenie rozčúleného kuchára.

Je to perfektný spôsob, ako použiť šunku, ktorá je na okrajoch trochu vysušená. Vajíčka s prosciuttom podávame na neskoré raňajky s maslovou špargľou a pečenými paradajkami.

1 lyžica nesoleného masla

4 až 6 tenkých plátkov dovážaného talianskeho prosciutta

4 veľké vajcia

Soľ a čerstvo mleté čierne korenie

1.V 9-palcovej nepriľnavej panvici rozpustite maslo na stredne nízkej teplote.

2.Umiestnite plátky prosciutta na panvicu tak, aby sa mierne prekrývali. Vajcia po jednom rozbijeme do pohára a nasunieme ich na prosciutto. Posypte soľou a korením.

3.Prikryte a varte na miernom ohni, kým vajcia nezmäknú podľa chuti, asi 2 až 3 minúty. Podávajte teplé.

Pečená špargľa s vajíčkami

Špargľa milánska

Pripraví 2 až 4 porcie

Raz sa ma novinár spýtal, čo jem na večeru, keď si varím sám. Bez toho, aby som o tom dlho premýšľal, som si objednal špargľu s vajcom a parmigánom, čo Taliani nazývajú Milanese. Toto je také dobré, ale také jednoduché. To je moja predstava o pohodlnom jedle.

1 libra špargle

Soľ

3 lyžice nesoleného masla

čerstvo mleté čierne korenie

1/2 šálky čerstvo nastrúhaného Parmigiano-Reggiano

4 veľké vajcia

1. Odrežte spodnú časť špargle v mieste, kde stonka prechádza z bielej do zelenej. Vo veľkom hrnci priveďte do varu asi 2 palce

vody. Pridajte špargľu a soľ podľa chuti. Varte, kým sa špargľa mierne nezdvojnásobí, keď ju zdvihnete zo stopky, asi 4 až 8 minút. Čas varenia bude závisieť od hrúbky špargle. Špargľu preložíme kliešťami do cedníka. Vyčistite ich a potom ich osušte.

2. Umiestnite stojan do stredu rúry. Predhrejte rúru na 450 ° F. Veľký pekáč vymastíme.

3. Špargľu poukladáme vedľa seba do zapekacej misy, mierne sa prekrývame. Pokvapkáme 1 lyžicou masla a posypeme korením a syrom.

4. Pečte 15 minút alebo kým sa syr neroztopí a nezozlatne.

5. Vo veľkej nepriľnavej panvici rozpustite zvyšné 2 polievkové lyžice masla na strednom ohni. Keď maslová pena opadne, rozbite vajíčko do pohára a jemne ho vsuňte do panvice. Opakujte so zvyšnými vajíčkami. Posypte soľou a varte, kým vajcia nezmäknú podľa chuti, asi 2 až 3 minúty.

6. Špargľu rozdeľte na taniere. Na vrch položte vajíčka. Nalejte šťavu z panvice na vrch a podávajte horúce.

Vajcia v očistci

Oova v očistci

Vyrába 4 porcie

Keď som bol dieťa, piatková večera u nás bola vždy bezmäsité jedlo. Naše jedlá boli založené na neapolskej kuchyni. Večera sa zvyčajne skladala z cestovín e fagioli (cestoviny a fazuľa), tuniakového šalátu alebo týchto lahodných vajíčok varených v pikantnej paradajkovej omáčke, odtiaľ pochádza čarovný názov Vajcia v očistci. Toto je perfektné jedlo, keď toho v špajzi nie je veľa a chcete niečo horúce a rýchle. Knäckebrot je nevyhnutný doplnok.

2 polievkové lyžice olivového oleja

1/4 šálky nadrobno nakrájanej cibule

2 šálky konzervovaných lúpaných paradajok, nasekaných

4 lístky čerstvej bazalky nakrájané na kúsky alebo štipka sušeného oregana

Štipka mletej červenej papriky (peperoncino)

Soľ

8 veľkých vajec

1. Nalejte olej do strednej panvice. Pridajte cibuľu a varte na miernom ohni za stáleho miešania, kým nebude mäkká a zlatá, cca. 10 minút. Pridajte paradajky, bazalku, červenú papriku a soľ podľa chuti. Priveďte do varu a varte 15 minút alebo do zhustnutia.

2. Rozbite vajíčko do malého pohára. Do paradajkovej omáčky urobte lyžicou zárez. Vajíčko vtlačíme do omáčky. Pokračujte so zvyšnými vajíčkami.

3. Zakryte panvicu a varte, kým vajcia nebudú chutné, 2 až 3 minúty. Podávajte teplé.

Vajcia v paradajkovej omáčke, na spôsob Marches

Oova v Brodette

Pripraví 2 porcie

Môj strýko Joe, ktorého rodina pochádzala z regiónu Marche na východnom pobreží Talianska, mal špeciálny spôsob varenia vajec v paradajkovej omáčke. Tvoj recept, ale podobný.<u>Vajcia v očistci</u>, obsahuje nádych octu pre korenistú príchuť.

1 malá cibuľa, nakrájaná veľmi jemne

1 polievková lyžica čerstvej plochej petržlenovej vňate, veľmi jemne nasekanej

2 polievkové lyžice olivového oleja

1 1/2 šálky olúpaných, zbavených semienok a nakrájaných na kocky čerstvých paradajok alebo konzervovaných paradajok, scedených a nakrájaných na kocky

1 až 2 lyžice bieleho vínneho octu

Soľ a čerstvo mleté čierne korenie

4 veľké vajcia

1. Zmiešajte cibuľu, petržlenovú vňať a olej v 9-palcovej nepriľnavej panvici a varte na strednom ohni za občasného miešania, kým cibuľa nie je mäkká a zlatá, asi 10 minút.

2. Pridajte paradajky, ocot, soľ a korenie podľa chuti. Varte 10 minút alebo kým omáčka nezhustne.

3. Rozbite vajíčko do malého pohára. Lyžicou urobte v omáčke priehlbinu. Opatrne vhoďte do vajíčka. Opakujte so zvyšnými vajíčkami. Posypte soľou a korením. Prikryte a varte, kým vajcia nezmäknú podľa chuti, 2 až 3 minúty. Podávajte teplé.

Vajcia na piemontský spôsob

Uova al Cirighet

Vyrába 4 porcie

Mnohé jedlá v Piemonte sú ochutené cesnakom a octom obohatenými ančovičkami. Tu sa vajciam podáva táto pikantná a pikantná úprava.

4 polievkové lyžice olivového oleja

4 filety sardel, scedené a nakrájané

2 lyžice nasekanej čerstvej plochej petržlenovej vňate

2 lyžice kapary, opláchnuté a scedené

2 strúčiky cesnaku, nasekané veľmi jemne

2 nasekané lístky šalvie

Štipka mletej červenej papriky

1 lyžica červeného vínneho octu

1 až 2 čajové lyžičky čerstvej citrónovej šťavy

2 lyžice nesoleného masla

8 veľkých vajec

Soľ

1. Na strednej panvici zmiešajte olej, ančovičky, petržlenovú vňať, kapary, cesnak, šalviu a drvenú červenú papriku. Varte na strednom ohni za častého miešania, kým sa ančovičky nerozpustia, 4 až 5 minút. Pridajte ocot a citrónovú šťavu. Varte ešte 1 minútu.

2. Vo veľkej panvici rozpustite maslo na strednom ohni. Keď maslová pena opadne, do panvice opatrne zatlačíme vajíčka. Posypte soľou a varte 2 až 3 minúty, alebo kým vajcia nezmäknú podľa chuti.

3. Nalejte omáčku na vajcia. Ihneď podávajte.

Florentské vajcia

Wow do Fiorentiny

Vyrába 4 porcie

Vajcia Florentine sa často vyrába v USA s maslom a bohatou holandskou omáčkou. Toto je verzia, ktorú som mal vo Florencii. Špenát sa namiesto masla uvarí s cesnakom a olivovým olejom a na vajíčka stačí trocha parmezánu. Je to oveľa jednoduchšia príprava, ideálna na neformálny brunch.

3 libry špenátu, bez tvrdých stoniek

Soľ

2 polievkové lyžice olivového oleja

1 strúčik cesnaku, jemne nasekaný

čerstvo mleté čierne korenie

8 vajec

2 polievkové lyžice čerstvo nastrúhaného Parmigiano-Reggiano

1. Špenát dobre premyjeme niekoľkými zákrutami studenej vody. Do veľkého hrnca vložte špenát, 1/2 šálky vody a štipku soli. Hrniec prikryjeme a plameň otočíme na stredný stupeň. Varte 5 minút alebo kým špenát nie je mäkký a mäkký. Špenát scedíme a vytlačíme prebytočnú vodu.

2. Nalejte olej do veľkej panvice. Pridajte cesnak a varte dozlatista, asi 2 minúty.

3. Pridajte špenát a soľ a korenie podľa chuti. Varte za občasného miešania, kým sa neprehreje, cca. 2 minúty.

4. Rozbite vajíčko do malého pohára. Lyžicou urobte do špenátu priehlbinu. Zatlačte vajíčko do jamky. Opakujte so zvyšnými vajíčkami.

5. Vajcia posypte soľou, korením a syrom. Panvicu prikryte a varte 2 až 3 minúty alebo kým vajcia nezmäknú podľa chuti. Podávajte teplé.

Pečené vajcia so zemiakmi a syrom

Oova al Forno

Vyrába 4 porcie

Neapolské pohodlné jedlo je najlepší spôsob, ako opísať tento vrstvený kastról zo zemiakov, syra a vajec, ktorý mi moja mama pripravovala, keď som bol dieťa.

1 libra univerzálnych zemiakov, ako je zlato Yukon

Soľ

1 lyžica nesoleného masla

8 gramov čerstvej mozzarelly nakrájanej na plátky

4 veľké vajcia

čerstvo mleté čierne korenie

2 polievkové lyžice Parmigiano Reggiano

1. Zemiaky ošúpeme a ošúpeme. Nakrájajte ich na 1/4 palca hrubé plátky. Zemiaky vložte do stredného hrnca so studenou vodou, aby boli zakryté, a podľa chuti osoľte. Prikryjeme a

privedieme do varu. Varte, kým zemiaky po prepichnutí vidličkou nezmäknú, asi 10 minút. Zemiaky scedíme a mierne vychladíme.

2. Umiestnite stojan do stredu rúry. Predhrejte rúru na 400 °F. Maslo rozotrite po dne a po stranách 9-palcovej štvorcovej zapekacej misky. Na panvici poukladajte kolieska zemiakov tak, aby sa mierne prekrývali. Na zemiaky položte plátky syra. Rozbite vajcia do malého pohára a potom ich posuňte do panvice na syr. Posypte soľou, korením a nastrúhaným parmigiano-reggiano.

3. Pečte, kým vajcia nezískajú chuť, asi 15 minút. Podávajte teplé.

papriky a vajcia

Pepperoni a uova

Vyrába 4 porcie

Dusená paprika alebo zemiaky zakončené rozmiešanými vajíčkami sú dobré na neskoré raňajky s grilovanou klobásou alebo ich podávajte plnené na plátkoch chrumkavého talianskeho chleba ako klasické sendviče hero.

1/4 šálky olivového oleja

2 stredné červené papriky nakrájané na malé kúsky

1 stredne zelenú papriku nakrájanú na malé kúsky

1 malá cibuľa, nakrájaná na tenké plátky

Soľ

8 veľkých vajec

1/4 šálky čerstvo nastrúhaného Parmigiano-Reggiano

čerstvo mleté čierne korenie

1. Na 9-palcovej nepriľnavej panvici zohrejte olej na strednom ohni. Pridajte papriku, cibuľu a soľ podľa chuti. Varte za častého miešania, kým paprika nie je zlatohnedá, asi 20 minút. Prikryte a varte ďalších 5 minút, alebo kým paprika nezmäkne.

2. V strednej miske rozšľaháme vajcia so syrom a podľa chuti pridáme soľ a mleté korenie. Papriky zalejeme vajíčkami a necháme krátko stuhnúť. Papriky a vajcia otočte špachtľou alebo lyžicou, aby surové vajcia vystúpili na povrch panvice. Vajcia nechajte usadiť a znova premiešajte. Opakujte miešanie a varenie, kým sa vajcia nezrazia podľa chuti, cca. 2 až 3 minúty. Podávajte teplé.

zemiaky a vajcia

Kop s Uuovou

Vyrába 4 porcie

Miešané zemiaky s vajíčkami sú klasickou kombináciou, ktorú nájdete v celom južnom Taliansku. Ak chcete, môžete so zemiakmi opražiť malú, na tenké plátky nakrájanú papriku alebo cibuľu, prípadne oboje. Podávajte s klobásou na neskoré raňajky alebo naplňte zemiaky a vajcia talianskym chlebom ako hrdinský sendvič.

1/4 šálky olivového oleja

4 nové voskové zemiaky, olúpané a nakrájané na 1/4-palcové plátky

Soľ

8 veľkých vajec

čerstvo mleté čierne korenie

1. Na 9-palcovej nepriľnavej panvici zohrejte olej na strednom ohni. Plátky zemiakov osušte a vložte do panvice. Varte, často

obracajte kúsky, kým zemiaky nie sú zlatohnedé a mäkké, cca. 10 minút. Posypte soľou.

2. V strednej miske rozšľaháme vajíčka so soľou a korením podľa chuti. Nalejte vajcia do panvice a nechajte ich krátko stuhnúť. Zemiaky a vajcia otočte špachtľou alebo lyžicou, aby surové vajcia vystúpili na povrch panvice. Vajcia nechajte usadiť a znova premiešajte. Opakujte miešanie a varenie, kým sa vajcia nezrazia podľa chuti, cca. 2 až 3 minúty. Podávajte teplé.

Huby a miešané vajcia

oova s hubami

Vyrába 4 porcie

Miešané vajíčka s hubami sa hodia k ľahkej večeri alebo neskorému brunchu. Biele huby sú v poriadku, ale lesné huby dávajú príjemnú zemitú chuť.

3 lyžice nesoleného masla

1 malá cibuľa, nakrájaná nadrobno

2 šálky nakrájaných húb

Soľ a čerstvo mleté čierne korenie

8 veľkých vajec

1. V 9-palcovej nepriľnavej panvici roztopte maslo na strednom ohni. Pridajte cibuľu, huby, soľ a korenie podľa chuti. Varíme za občasného miešania, kým huby nezhnednú, cca. 10 minút.

2. V strednej miske rozšľaháme vajíčka so soľou a korením podľa chuti. Zeleninu zalejeme vajíčkami a necháme krátko stuhnúť. Šampiňóny a vajcia otočte špachtľou alebo lyžicou,

aby surové vajcia vystúpili na povrch panvice. Vajcia nechajte usadiť a znova premiešajte. Opakujte miešanie a varenie, kým sa vajcia nezrazia podľa chuti, cca. 2 až 3 minúty. Podávajte teplé.

Frittata z cibule a rukoly

Cipolle a Rughetta Frittata

Vyrába 4 porcie

Jedného dňa ma navštívil starý priateľ mojej matky z Palerma na Sicílii. Poznali sme ju ako Zia Millie, aj keď v skutočnosti nebola teta. Ponúkol sa, že k nášmu jedlu pripraví šalát a spýtal sa, či mám jemnú cibuľu, napríklad červenú alebo bielu. Mala len žltú cibuľu, ktorú zvyčajne používam na varenie, ale povedala, že to bude v poriadku. Cibuľu nakrájal na tenké plátky a namočil ju do niekoľkých zákrutov studenej vody, ktorá vypustila silné šťavy. V čase, keď sme boli pripravení jesť šalát, bola cibuľa sladká ako každá jemnejšia odroda. Často používam túto metódu, keď chcem jemnú cibuľovú chuť.

Táto frittata Puglia je ochutená cibuľou a rukolou. Nahraďte žeruchou alebo špenátovými listami, ak nemáte rukolu.

2 stredné cibule, nakrájané na tenké plátky

3 lyžice olivového oleja

1 veľký zväzok rukoly, zbavené pevných stopiek, nastrúhaný (asi 2 šálky)

8 veľkých vajec

1/4 šálky čerstvo nastrúhaného Parmigiano-Reggiano

Soľ a čerstvo mleté čierne korenie

1. Vložte cibuľu do misky so studenou vodou, aby ste ju zakryli. Nechajte 1 hodinu, raz alebo dvakrát vymeňte vodu, kým cibuľa nebude chutiť sladko. Vyčistite a vysušte.

2. Nalejte olej do 9-palcovej nepriľnavej panvice. Pridajte cibuľu. Na strednom ohni za občasného miešania opekáme, kým cibuľa nezmäkne a nezozlatne, cca. 10 minút. Vmiešame rukolu, kým nezmäkne, asi 1 minútu.

3.3 V strednej miske rozšľahajte vajcia, syr a soľ a korenie podľa chuti. Zeleninu v hrnci zalejeme vajíčkami a stiahneme oheň na minimum. Prikryte a varte, kým vajcia nestuhnú, ale v strede ešte vlhké a frittata zospodu jemne nezhnedne, cca. 5 až 10 minút.

4. Pomocou špachtle nasuňte frittatu na tanier. Preklopte hrniec na tanier a rýchlo otočte tanier aj hrniec tak, aby bola frittata späť na panvici opečenou stranou nahor. Varte, kým neztuhne v strede, ešte asi 5 minút. Alebo, ak nechcete prevracať, zasuňte panvicu pod brojler na 3 až 5 minút, alebo kým vajcia nie sú hotové podľa chuti.

5. Presuňte frittatu na servírovací tanier a nakrájajte na plátky. Podávajte teplé alebo pri izbovej teplote.

Cuketa a bazalka Frittata

cuketová frittata

Vyrába 4 porcie

Moja mama pestovala cuketu na našom malom dvore v Brooklyne. Na vrchole sezóny rástli tak rýchlo, že sme ich sotva dokázali dostatočne rýchlo použiť. Vtedy moja mama urobila túto jednoduchú frittatu, ktorú sme jedli so šalátom z čerstvých paradajok. Domáca cuketa nebola väčšia ako klobása, bola mäkká a chutná, s drobnými semienkami a tenkou šupkou.

3 lyžice olivového oleja

2 až 3 malé cukety (asi 1 libra), umyté a nakrájané

8 veľkých vajec

1/4 šálky čerstvo nastrúhaného Parmigiano-Reggiano

6 lístkov čerstvej bazalky, poukladaných a nakrájaných na tenké prúžky

Soľ a čerstvo mleté čierne korenie

1. Na 9-palcovej nepriľnavej panvici zohrejte olej na stredne vysokú teplotu. Pridáme cuketu a varíme za občasného obracania kúskov, kým cuketa dobre nezhnedne, cca. 12 minút

2. Vo veľkej miske rozšľaháme vajcia, syr, bazalku, soľ a korenie podľa chuti. Znížte teplotu na strednú. Zmes nalejeme na cuketu. Nadvihnite okraje frittaty, keď sedí, aby surové vajce vystúpilo na povrch panvice. Varte, kým vajcia nestuhnú, ale v strede ešte vlhké a frittata zospodu jemne nezhnedne, cca. 5 až 10 minút.

3. Posuňte frittatu na tanier a potom prevráťte panvicu na tanier. Rýchlo otočte tanier aj panvicu, aby sa frittata uvarila. Varte, kým neztuhne v strede, ešte asi 5 minút. Alebo, ak to nechcete prevrátiť, zasuňte panvicu pod brojler na 3 až 5 minút, alebo kým nebude hotová podľa vašich predstáv. Podávajte teplé alebo pri izbovej teplote.

4. Presuňte frittatu na servírovací tanier a nakrájajte na plátky. Podáva sa teplý alebo studený a podáva sa studený.

Sto Herb Frittata

Frittata s Centom Erbem

Vyrába 4 porcie

Hoci v tejto frittate Friuli-Venezia Giulia zvyčajne používam iba päť alebo šesť bylín, ako už názov napovedá, možnosti sú oveľa vyššie a môžete použiť akékoľvek čerstvé bylinky, ktoré máte po ruke. Čerstvá petržlenová vňať je nevyhnutná, ale ak sú ostatné bylinky, ktoré máte po ruke, sušené, použite len štipku, inak bude chuť ohromujúca.

8 veľkých vajec

¼ šálky čerstvo nastrúhaného Parmigiano-Reggiano

2 polievkové lyžice jemne nasekanej čerstvej plochej petržlenovej vňate

2 polievkové lyžice jemne nasekanej čerstvej bazalky

1 lyžica nasekanej čerstvej pažítky

1 lyžička nasekaného čerstvého estragónu

1 lyžička nadrobno nasekaného čerstvého tymiánu

Soľ a čerstvo mleté čierne korenie

2 polievkové lyžice olivového oleja

1. Vo veľkej mise rozšľahajte vajcia, syr, bylinky a soľ a korenie podľa chuti, kým sa dobre nespoja.

2. Na 9-palcovej nepriľnavej panvici zohrejte olej na strednom ohni. Nalejte vaječnú zmes do panvice. Nadvihnite okraje frittaty, keď sedí, aby surové vajce vystúpilo na povrch panvice. Varte, kým vajcia nestuhnú, ale v strede ešte vlhké a frittata zospodu jemne nezhnedne, cca. 5 až 10 minút.

3. Posuňte frittatu na tanier a potom prevráťte panvicu na tanier. Rýchlo otočte tanier aj panvicu, aby sa frittata uvarila. Varte, kým neztuhne v strede, ešte asi 5 minút. Alebo, ak to nechcete prevrátiť, zasuňte panvicu pod brojler na 3 až 5 minút, alebo kým nebude hotová podľa vašich predstáv. Podávajte teplé alebo pri izbovej teplote.

špenátová frittata

Frittata di Spinaci

Vyrába 4 porcie

V tejto frittate môžete použiť špenát, escarole, mangold alebo inú zeleninu. Podávame s restovanými šampiňónmi a nakrájanými paradajkami.

1 libra čerstvého špenátu, nakrájaného

1/4 šálky vody

Soľ

8 veľkých vajec

1/4 šálky hustej smotany

1/2 šálky čerstvo nastrúhaného Parmigiano-Reggiano

2 lyžice nesoleného masla

1. Do veľkého hrnca dáme špenát, vodu a soľ podľa chuti.
  Prikryte a varte na strednom ohni, kým nezvädne, asi 5 minút.

Dobre sceďte. Necháme trochu vychladnúť. Špenát položte na kuchynskú utierku a vyžmýkajte, aby ste extrahovali tekutinu.

2. Vo veľkej mise rozšľaháme vajcia, smotanu, syr a soľ a korenie podľa chuti. Pridajte špenát.

3. V 9-palcovej nepriľnavej panvici roztopte maslo na strednom ohni. Nalejte zmes do panvice. Nadvihnite okraje frittaty, keď sedí, aby surové vajce vystúpilo na povrch panvice. Varte, kým vajcia nestuhnú, ale v strede ešte vlhké a frittata zospodu jemne nezhnedne, cca. 5 až 10 minút.

4. Posuňte frittatu na tanier a potom prevráťte panvicu na tanier. Rýchlo otočte tanier aj panvicu, aby sa frittata uvarila. Varte, kým neztuhne v strede, ešte asi 5 minút. Alebo, ak to nechcete prevrátiť, zasuňte panvicu pod brojler na 3 až 5 minút, alebo kým nebude hotová podľa vašich predstáv. Podávajte teplé alebo pri izbovej teplote.

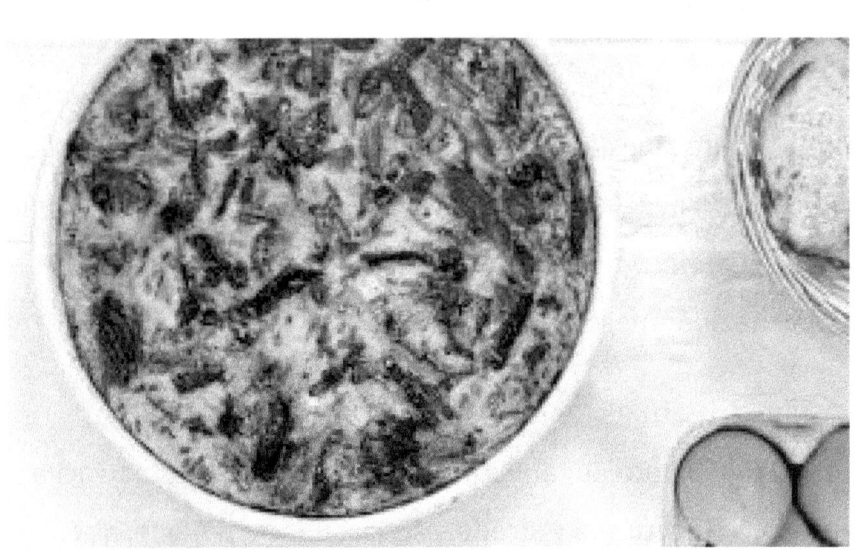

Huba a Fontina Frittata

Huba a Fontina Frittata

Vyrába 4 porcie

Pravá Fontina Valle d'Aosta má drevitú hubovú vôňu a hodí sa ku každému hubovému jedlu. Použite lesné huby, ak ich uprednostňujete pred bielymi.

3 lyžice nesoleného masla

8 gramov húb, nakrájaných na polovicu alebo na štvrtiny, ak sú veľké

Soľ a čerstvo mleté čierne korenie

8 veľkých vajec

2 lyžice nasekanej čerstvej plochej petržlenovej vňate

4 gramy Fontina Valle d'Aosta, nakrájané na plátky

1. V 9-palcovej nepriľnavej panvici roztopte maslo na strednom ohni. Pridajte huby a soľ a korenie podľa chuti. Varíme za častého miešania, kým huby nezhnednú, cca. 10 minút.

2. Vo veľkej mise rozšľaháme vajcia s petržlenovou vňaťou a soľou a korením podľa chuti. Znížte teplotu na strednú. Nalejte zmes na huby. Nadvihnite okraje frittaty, keď sedí, aby surové vajce vystúpilo na povrch panvice. Prikryte a varte, kým vajcia nestuhnú, ale v strede ešte vlhké a frittata zospodu jemne nezhnedne, cca. 5 až 10 minút.

3. Na vrch pokladáme plátky syra. Panvicu zasuňte pod brojler a grilujte 1 až 3 minúty, alebo kým sa syr neroztopí a vajíčka podľa chuti. Alebo, ak chcete, panvicu prikryte a varte 3 až 5 minút, kým sa syr neroztopí a vajcia podľa chuti.

4. Posuňte frittatu na servírovací tanier. Podávajte teplé.

Neapolské špagety Frittata

špagetová frittata

Vyrába 6 porcií

Na rodinnom stretnutí pred pár rokmi začala vzdialená príbuzná rozprávať o svojich obľúbených receptoch. Opísala plochý koláč so zlatistou kôrkou plnený mäsom a syrom, ktorý si jej deti neustále pýtali. Zapísal som si váš návod a vyskúšal som to doma. Chutilo to tak dobre, ako povedala, a odvtedy som sa dozvedel, že je to tradičný neapolský recept. Aj keď si môžete pripraviť špagety len k tomuto jedlu, tradične sa vyrábajú so zvyškami.

8 veľkých vajec

1/2 šálky čerstvo nastrúhaného Parmigiano-Reggiano alebo Pecorino Romano

Soľ a čerstvo mleté čierne korenie

12 gramov špagiet alebo iných cestovín, uvarených a scedených

4 unce nakrájanej salámy, prosciutta alebo dovážanej talianskej šunky, nakrájanej na tenké prúžky

2 polievkové lyžice olivového oleja

8 gramov mozzarelly, nakrájanej na tenké plátky

1. Vo veľkej mise rozšľaháme vajcia, syr, soľ a korenie podľa chuti. Pridáme špagety a salámu.

2. Na 9-palcovej nepriľnavej panvici zohrejte olej na strednom ohni. Pridajte polovicu zmesi na špagety. Navrch poukladáme plátky syra. Nalejte zvyšok cestovinovej zmesi na syr.

3. Znížte teplo na minimum. Špagety uvarte, povrch občas vyrovnajte, aby sa cestoviny spojili a vytvorili koláč. Po cca. 5 minút posuňte špachtľou okolo okraja formy a jemne nadvihnite koláč, aby ste sa uistili, že sa neprilepí. Varte, kým vajcia nestuhnú a frittata zospodu jemne nezhnedne, asi 15 až 20 minút.

4. Posuňte frittatu na tanier a potom prevráťte panvicu na tanier. Rýchlo otočte tanier aj panvicu, aby sa frittata uvarila. Varte, kým neztuhne v strede, ešte asi 5 minút. Alebo, ak to nechcete prevrátiť, zasuňte panvicu pod brojler na 3 až 5 minút, alebo kým nebude hotová podľa vašich predstáv. Podávajte teplé alebo pri izbovej teplote.

Cestoviny Frittata

cestoviny frittata

Vyrába 4 porcie

Akékoľvek zvyšky cestovín možno recyklovať na túto lahodnú frittatu. Bez ohľadu na to, či sú cestoviny hladké alebo dusené s paradajkami, mäsovou omáčkou alebo zeleninou, táto frittata vždy dopadne skvele. Zaimprovizujte pridaním nakrájaných párkov, šunky, syra alebo nakrájanej varenej zeleniny. Sumy nie sú naozaj dôležité.

6 veľkých vajec

1/2 šálky čerstvo nastrúhaného Parmigiano-Reggiano

Soľ a čerstvo mleté čierne korenie

8 gramov varených cestovín, s omáčkou alebo bez nej

2 polievkové lyžice olivového oleja

1. Vo veľkej miske vyšľaháme vajcia, syr a soľ a korenie podľa chuti. Pridajte uvarené cestoviny.

2. Na 9-palcovej nepriľnavej panvici zohrejte olej na strednom ohni. Pridajte cestovinovú zmes a stlačte ju, kým nebude plochá. Pečieme, kým vajcia nestuhnú, ale v strede ešte vlhké a frittata zospodu jemne zhnedne, cca. 10 minút.

3. Posuňte frittatu na tanier a potom prevráťte panvicu na tanier. Rýchlo otočte tanier aj panvicu, aby sa frittata uvarila. Varte, kým neztuhne v strede, ešte asi 5 minút. Alebo, ak to nechcete prevrátiť, zasuňte panvicu pod brojler na 3 až 5 minút, alebo kým nebude hotová podľa vašich predstáv. Podávajte teplé alebo pri izbovej teplote.

malé tortilly

frittatina

Vyrába 6 porcií

Miniatúrne tortilly varené na panvici ako palacinky sa skvele hodia ako súčasť sortimentu predkrmovín alebo ako náplň do sendvičov. Táto verzia s pórom a kapustou je z Piemontu.

Asi 1/4 šálky olivového oleja

3 šálky najemno nastrúhanej kapusty

1 stredný pór, nakrájaný a nakrájaný na tenké plátky

6 veľkých vajec

1/2 šálky čerstvo nastrúhaného Parmigiano-Reggiano

1/2 lyžičky soli

čerstvo mleté čierne korenie

1. V ťažkej 9-palcovej nepriľnavej panvici zohrejte 3 polievkové lyžice oleja na stredne nízkej teplote. Pridáme kapustu a pór.

Panvicu prikryte a za občasného miešania varte, kým kapusta nezmäkne, asi 30 minút. Necháme vychladnúť.

2. V strednej miske rozšľaháme vajcia, syr a soľ a korenie podľa chuti. Pridajte zeleninovú zmes.

3. Mriežku alebo veľkú panvicu zľahka potrieme olejom. Zahrejte na strednom ohni.

4. Vaječnú zmes premiešajte a nalejte 1/4 šálky na panvicu, pričom vzdialenosť medzi tortillami je cca. 4 palce. Zadnou stranou lyžice mierne sploštíme. Varte, kým vajcia nestuhnú a tortilly ešte nezačnú hnednúť na dne, asi 2 minúty. Tortilly obrátime obracačom na palacinky a opekáme z druhej strany cca. ešte 1 minútu. Tortilly preložíme na tanier.

5. Zvyšné tortilly uvaríme rovnakým spôsobom. Podávajte teplé alebo pri izbovej teplote.

Frittata z kvetov ricotty a cukety

Frittata di Fiori a ricotta

Vyrába 4 porcie

Kvety cukety sú nielen krásne, ale aj chutné na jedenie, čo Taliani dobre poznajú. Môj miestny farmársky trh mal v sobotu množstvo cuketových kvetov. Kúpila som si na naplnenie a upečenie, ale ešte mi toho veľa zostalo, tak som zo zvyšných kvetov urobila túto frittatu. Bolo to jemné a chutné; Odvtedy som to urobil na brunch niekoľkokrát.

Dá sa urobiť aj len z ricotty, ak nemáte cuketové kvety.

2 lyžice nesoleného masla

6 kvetov cukety alebo iných tekvicových kvetov, opláchnutých a vysušených

6 veľkých vajec, rozšľahaných

1/4 šálky čerstvo nastrúhaného Parmigiano-Reggiano

Soľ a čerstvo mleté korenie

1 šálka ricotty

1. V 9-palcovej nepriľnavej panvici roztopte maslo na strednom ohni. Cuketové kvety poukladajte na panvicu do tvaru veterníka.

2. V strednej miske rozšľaháme vajcia, parmezán a soľ a korenie podľa chuti. Opatrne nalejte zmes na kvety bez toho, aby ste ich narušili. Okolo panvice položte kúsky ricotty. Nadvihnite okraje frittaty, keď sedí, aby surové vajce vystúpilo na povrch panvice. Varte, kým vajcia nestuhnú, ale v strede ešte vlhké a frittata zospodu jemne nezhnedne, cca. 5 až 10 minút.

3. Posuňte frittatu na tanier a potom prevráťte panvicu na tanier. Rýchlo otočte tanier aj panvicu, aby sa frittata uvarila. Varte, kým neztuhne v strede, ešte asi 5 minút. Alebo, ak ho nechcete prevrátiť, zasuňte panvicu pod brojler na 3 až 5 minút, alebo kým nebudú vajcia hotové podľa chuti. Podávajte teplé alebo pri izbovej teplote.

www.ingramcontent.com/pod-product-compliance
Lightning Source LLC
Chambersburg PA
CBHW071430080526
44587CB00014B/1794